朵朵花开

——中学那些事儿

牛敬芳　冉一婷　著

陕西省教育科学规划项目"学习困难学生心理发展特点及教育矫正"（立项号：SGH16B113）研究成果

北京燕山出版社

图书在版编目（CIP）数据

朵朵花开：中学那些事儿 / 牛敬芳，冉一婷著．

北京：北京燕山出版社，2025. 5. -- ISBN 978-7-5402-

7615-7

Ⅰ . G444-49

中国国家版本馆 CIP 数据核字第 2025SH4064 号

朵朵花开：中学那些事儿

著　　者	牛敬芳　冉一婷	
责任编辑	杨春光	
装帧设计	白雪冰	
出版发行	北京燕山出版社有限公司	
社　　址	北京市西城区椿树街道琉璃厂西街 20 号	
电　　话	010-65240430	
邮　　编	100052	
印　　刷	三河市中晟雅豪印务有限公司	
开　　本	710×1000　　1/16	
字　　数	215 千字	
印　　张	16	
版　　次	2025 年 5 月第 1 版	
印　　次	2025 年 5 月第 1 次印刷	
定　　价	75.00 元	

序　言

　　敬芳、一婷老师是一对母女教师，她们母女合作撰写的新著《朵朵花开——中学那些事儿》就要付梓出版了，听到这个消息，我内心特别高兴。

　　在学生教育面临着多种困境的当下，这本书的出版，无疑为人们洞察学生的心灵打开了另一扇窗户。

　　我与敬芳老师相识，纯属偶然和有缘。应该是在 2021 年左右，我去给一个文化活动讲课，结束后，一位朋友过来说，要介绍一位非常热爱学生的老师给我认识，我很高兴，因为爱是教育的基石，一个热爱学生的老师，一定会是一个很棒的老师。我从交流中得知，敬芳老师在讲课过程中，也经常用到我的哲理画来引导学生，可见，传统文化图像化的转化，在学生教育中也可以发挥独特的作用。

　　翻开敬芳、一婷老师合作的这本新书稿，仿佛推开了一间教室的木格窗。光影里浮动的粉笔尘，作业本上未干的墨迹，以及少年特有的像青橄榄般酸涩清甜的气息，都随着纸页翻动汩汩涌出。

　　《朵朵花开》的动人之处，恰在于它避开了传统教育叙事里那些宏大的理论框架。作者以散文的手法，用艺术化的语言，将多年来的教学生涯中的时光碎片，缝缀成一方缀满晨露的锦缎。那些被大多数成年人遗忘的少年心事——课本角落写下的诗句，走廊尽头踟蹰的脚步，晨读时突然凝固的哽咽——都在字里行间获得了庄严的凝视。书中有个细节令人难忘：对于那个反反复复违反纪律而又不愿意改变的女孩子，老师没有纵容她，更没有抱怨她。而是借助身边的事情，耐心地帮助她改变。老师给孩子揭示了一个深刻的哲理："一朵花，最初是一个嫩芽，然后是一个花蕾，再慢慢长大，最后盛开成一朵美丽的花儿，散发着香气，赏心悦目，煞是好看！

我们都喜欢。花儿从萌芽到绽放，就是一个不断变化的过程。"教育者的智慧，不在于立即用励志名言覆盖少年的迷惘，而是轻轻放下一本《里尔克诗选》，在扉页写下："有些问题不必急着寻找答案。"这种克制的温柔，恰是当代教育最珍贵的底色。

这些教育叙事没有刻意营造的戏剧性转折，却让我们看见生命最本真的样态。就像早春的玉兰，总在某个不经意的清晨突然绽满枝头，而泥土深处的根系，早已在寒冬里默默生长了整整一季。作者用温润的笔调提醒我们：教育不是机械的转化，而是让两个灵魂在恰当的时节相互照亮。当我们将这些文字看作教育手记，会惊叹于其中的智慧与洞见，若将其视为文学作品，又不得不折服于叙事中流淌的诗意。这或许正是本书的独特价值：在应试教育的褶皱里，始终葆有对生命本身的敬畏与惊奇。合上书稿，忽然想起杜威说的"教育即生长"。这些带着体温的文字，何尝不是在见证园丁与花朵共同生长的奇迹么？当我们俯身细听，定能听见千万个青春正在拔节的声响，像四月的樱花扑簌簌落满肩头。在此书之前，敬芳老师已经出版过两本书，一本是《吹开心头花朵》，一本是《时事演讲艺术》，相对于这两本书，她这次和女儿合作出版的《朵朵花开——中学那些事儿》更有教育的烟火气。希望家长朋友们和学生们能从中汲取学生成长的智慧，让我们的下一代更好地成长。

王家春

2025 年 3 月 24 日星期一于智慧堂

（序作者王家春系哲理中国画创始人、作家、教授，新时代文人画代表，国家级精品课程主讲教授。全国高职院校美育联盟江苏美育与健康研究院院长、国家开放大学传统文化研究中心特邀研究员，陕西省品牌建设协会名誉会长。他出版有《画说菜根谭》《画说道德经》《打开心窗——让幸福飞到你身旁》《活个明白》《哲理中国画》《道德经新注》等作品，其中《画说道德经》2022 年被中宣部国家新闻出版总署评为向全国农家书屋推荐优秀出版物。）

敬芳自序

出于对教育的热爱，我写下了一篇篇教育感悟。我教的是初中生，我眼里全是他们，脑子里想的也全是他们。他们占据了我生命的大部分时间。

当年从师范院校毕业后，我的一些同学走上了行政岗位，我有过很多次离开讲台的机会，但我一直恋恋不舍，最终坚守在三尺讲台，直到现在。

终南山下的那所学校，是我曾经上学的地方，也是我开启教师生涯的地方。巍峨的终南山静静地屹立在校园背后，我做教师的志愿如它一样坚定。它年复一年、四季更替，沐浴着阳光，呈现了绿树红花，演绎着曲折的人情故事。在这样的平凡岁月里，我从步履轻盈的青春少女变成了如今的模样。

做老师，带领学生探究世界，也增加了自己的知识储备；做老师，帮助学生开启智慧，也提升了自己的精神境界；做老师，激励学生实现梦想，也使自己的生活更加充实丰盈。站三尺讲台，拂两袖清风，是成长的过程，也是一种优雅的生活状态。

从农村中学到县城里最好的中学，我感觉自己是幸运的。当年破旧的教师宿舍，记录着我步入教坛时的青涩和淳朴，也记录着我拜师学艺的执着和真诚。当调入县城里最好的中学时，我住进了宽敞明亮的两室一厅的单元楼房。县城中学教育资源丰富，聚集了许多优秀教师，和他们一起工作，不仅开阔了我的眼界，也让我学习提升的机会增多了。教学相长，我很快成了学校的骨干教师，荣誉和鲜花也纷纷涌向了我。

繁华精致的县城，受人崇敬的职业，使我有了更多的幸福感和成就感。不甘于满足现状的我，为了得到更多磨炼，又到了一个新的大熔炉——西安高新第一中学。这所学校自1995年建校之后，在社会各界的大力扶持下蓬勃发展，很快成为全省一流学校。这里有更先进的教育理念，传承着历久弥新的精神品质。我在这里继续熔炼着……

迎着清晨最美的朝阳，聆听着学生朴实稚嫩、发自肺腑的"老师好！"走进校园，开启一天的工作。

有人说"教育是一场盛大的暗恋，但只感动了自己"，的确是。做了老师，心里有学生，总是放不下他们。结婚前牺牲了约会、看电影的时间，忙于教学；有了孩子，牺牲了陪孩子的时间，忙于教学。我的女儿读大学期间，在《新青年》杂志上发表了一篇美文《方便面》，里边记录了妈妈忙于做班主任、带毕业班没时间管她，她自己饿了啃方便面的事情。文字很朴素，我却看哭了。

生活是绚丽多彩的。要教好学生，既要关注时事热点、阅读经典名著扩充知识、更新知识，也要不断在教学实践中总结经验、提升能力。

我参加了西北大学在职研究生学习，聆听教授们的精彩讲授，敬佩教授们的独到见解，阅读了他们推荐的作品，并交流阅读感悟。阅读成了我的习惯，家里的6个书柜里摆满了书籍。

在学校里教学的同时，我主持课题专注于教研，经常向教育专家学习，也在实践中积累教育经验。我先后主持了西安市课题"道德与法治课堂教学素材选取"研究、"道德与法治课堂教学导课"研究，主持了陕西省教育规划课题"学习困难学生心理发展特点及教育矫正"研究、"中学生文明行为习惯养成"研究，参与了"道德与法治课堂教学有效性设问"研究、"引—悟—结课堂文化"研究等多个国家级、省市级课题。多篇教育教学随笔和教育感悟获奖并发表在刊物上，缘于教育教学随笔和教育感悟传到新浪博客上，有很多读者留言，我结识了国际国内很多博主，互通有无，彼此提升。在一次暑假里参加"贾平凹邀你共读书走进棣花镇"文化活动后，我结识了很多作家，萌生了出书的想法。

我的第一部教育教学著作《吹开心头花朵》在陕西师范大学赵克礼教授的点拨下出版了，近30万字，分为"赢在起点""精彩制胜""聚焦课堂""学海无涯""教学漫谈"5个部分；2年后，结合教育实践，我又编写了20万字的社团教材《时事演讲艺术》一书。

现在呈现在大家面前的是我的第三部教育教学著作。我主持陕西省教育规划课题"学习困难学生心理发展特点及教育矫正"研究时，组织举办了多次家长公益讲座，积累了近百篇教育感悟，多篇文稿记录了校园的美好瞬间，每一篇都融入了我的思考，也蕴含着我对教师职业浓浓的爱。2022年春节前，我们需要线上教学。在备课、上课指导学生之余，我把案例中的人物姓名改为化名，将素材重新编辑，全面整理和修改案例内容，重新创作了20万字的《朵朵花开——初中生成长的那些事儿》一书。书里记录了教育感化的过程，唤醒了学生，使其健康茁壮成长，缤纷绚丽，终于朵朵花开了。我把教育故事描述得很优美，文字清新，朴实流畅，希望能给您带来幸福之感，使您心情愉悦。

　　"教育是民族振兴、社会进步的基石，是提高国民素质、培养创新人才、促进人的全面发展的根本途径。""建设教育强国，基点在基础教育。基础教育搞得越扎实，教育强国步伐就越稳、后劲就越足。"

　　基础教育是一项艰巨的事业，基础教育的教师作用非常关键。以新的姿态屹立于世界东方，实现中华民族伟大复兴的中国梦，需要教师躬耕教坛，不断思考和提升。

　　"我来人间一趟，本想绚烂芬芳，站了三尺讲台，心生教育梦想。"

　　……

牛敬芳

2024年6月于西安高新一中

目 录

第一章　独上高楼，望尽天涯路

　　孩子，是上天赐予的礼物，老师和家长有责任让这个礼物熠熠生辉。步入初中的他们犹如含苞待放的花朵，一个个晶莹剔透，生机勃勃，煞是可爱。但是天有不测风云，倘若遭遇风雨侵蚀却得不到恰当的关爱，他们肯定会颓废。岂不可惜！

一、我的思考

我的第一部教育教学著作《吹开心头花朵》出版后，媒体对我做了重点采访，有很多家长找我咨询教育孩子的问题。结合家长的困惑及教育面临的棘手问题，我主持申报了陕西省教育规划课题"学习困难学生心理发展特点及教育矫正研究"，对此进行了大量调查和深入研究。

孩子的健康成长关系到家庭的幸福和谐。许多家长认为孩子学习成绩优秀、考入名校，或者成年后找到了体面的工作，父母就算大功告成、快乐多多了。然而，学习困难学生（以下简称"学困生"）是家长的心病，孩子的不求上进、不自律让家长们焦虑不安、痛苦无比。我从一个教育者的视角看到许多真实的案例，有的家庭因孩子的教育产生矛盾而解体，有的孩子因看管不严格而步入歧途，更有甚者给国家和社会带来沉重的压力和许多不稳定因素。

帮助未成年人健康成长，是每个教育工作者义不容辞的责任，也是家长和全社会的责任。科学的矫正方法能帮助更多家长和老师应对教育孩子的困惑。

新入学的初中生开始步入青春期，学习状况发生着微妙的变化，学生之间的成绩、行为习惯也渐渐产生了差距。学校的竞争非常激烈，家长的期望也很高。党的二十大报告提出："坚持以人民为中心发展教育，加快建设高质量教育体系，发展素质教育，促进教育公平。"要提高学生成绩，更要提升学生素质，转变学困生的任务非常艰巨。

2023 年 9 月，习近平总书记在致全国优秀教师代表的信中阐述了教育家精神的内涵：心有大我、至诚报国的理想信念，言为士则、行为世范的道德情操，启智润心、因材施教的育人智慧，勤学笃行、求是创新的躬耕态度，乐教爱生、甘于奉献的仁爱之心，胸怀天下、以文化人的弘道追求。我们应该以教育家为榜样，对学生进行彻底剖析，研究学生心理，对其进行科学引导，帮助其健康成长。

普遍观点认为，学困生是指学生智力水平正常，不存在感官障碍，但学习成绩明显低于同龄学生，不能达到课程标准预期水平的学生。青春期学生的学习成绩低，容易产生自卑心理，影响其身心健康发展，导致他们在认知水平和社会发展水平上均低于同龄学生，使他们的生活质量受到影响。

为对学困生进行有效矫正，必须了解造成其学习困难的外界原因以及学生自己的主观原因，深入剖析家庭、社会以及同龄人对学困生的影响。我经过对不同班级学困生的心理特点及发展状况的分类观察和研究，在实践中总结出了科学有效的矫正方法。

二、家长留言

我们看看家长的困惑有哪些：

家长 1 留言："牛老师，孩子的情况请您保密。他在家里不听我的话，意志消沉，有时候坐在桌前发呆。我很着急，也很心疼孩子，怎么办呢？"

家长 2 留言："孩子学习状态不好，请老师多多关注。"

家长 3 留言："家庭聚会他都不去，不愿意和我们交流他的内心想法，我们不知道该怎么办。"

家长 4 留言："我的孩子的主要问题是不爱学习，靠我逼他学习。有时，他会偷偷占用查资料的时间打一会儿游戏，学习根本不用心。我给他报了课外辅导班，因为不放心他，我就跟着去听课。他在辅导班也不认真听讲。上次期末公布成绩后，刚好放假，我在家里和他一起分析每个科目的学习情况，和他一起制订了学习计划，但是只坚持了1天，他就不学了。当时我因为工作忙，没有时间陪他，所以他就整天玩耍。我问他为什么不学习，他说记不住。但是如果我指导他学习，他记得很快，学习效率很高，这也说明他不会管理自己。孩子平时不愿意跟我们分享他的任何事情，回家就把自己关到房间，不让我们进去。因为这些，我很苦恼，希望老师给点建议。"

家长5留言："孩子学习的主动性、自觉性比较好，在没人监管的情况下能自觉安排学习活动，这是比较好的一面。但是冲劲儿不足，遇到困难时还有畏难情绪，不彻底解决问题，总是敷衍了事，缺乏责任心。"

家长6留言："孩子晚上回家，9点以后才开始学习，经常熬到12点才睡觉。因为睡眠不足，孩子第二天总是昏昏沉沉的，学习效率极低。他晚上听歌、画画、弹钢琴，很难进入学习状态。我很想帮他改掉这些坏习惯，请老师支着儿。"

家长7留言："听了您的讲座，我看到一些希望，我觉得孩子也想好好学习，但是缺乏坚强意志，他经常放松自己。目前，他乐意挑战难题，但每次找到方向和思路时，没有厘清思路就盲目做题，结果还是不正确，各个学科几乎都是这样。老师认为他粗心、不认真。考试和做作业都是因为这些问题被批评，但是总也改不了。该从哪些方面管理和纠正呢？"

家长8留言："孩子对自己的未来没有规划，也不努力。受不良情绪影响，总是随心所欲。怎样培养他对学习的兴趣？怎样激发他的学习动力？我们也不知道怎么与孩子高效沟通，如果有了情感问题，怎样引导孩子？"

家长9留言："孩子做事情很缓慢，总是拖拖拉拉；制订的学习计划从不执行；对数学感兴趣，遇到难题喜欢钻研，数学成绩好。但不喜欢学英语，遇到不会的英语问题也不去钻研。我们总是督促他学英语，但是他学习效率太低，英语成绩很差。"

家长 10 留言：“孩子没有学习目标，对啥都不上心，不会合理利用时间，竞争意识差。”

家长 11 留言：“孩子整天宅在家里，除了学习，一有时间就看电视、玩游戏，或者看漫画、阅读与学习无关的书。偶尔带他出去和家人吃饭，他表现得很不情愿，怨气满腹。我们当家长的应该怎么做？”

家长 12 留言：“她只按时完成语文、数学、英语学科作业，但对小学科不太重视，匆匆忙忙做完作业后就去玩手机。我想知道究竟该如何管理孩子的手机。”

家长 13 留言：“孩子做作业时心情浮躁，作业质量不高。该怎么调整？”

……

家长们的留言反映了目前初中生教育中普遍存在的问题，也是非常典型的案例。在研究过程中，我对家长们的留言做了深入分析，也逐一做了详细的解答，家长们比较满意，也经常反馈孩子的进步和表现。我把这些案例做了整理，在后面的文章里也有详细陈述，同时在公益讲座里做了回复。

三、教育名言集锦

想成长为一名好教师，仅凭在师范院校学到的教育学、心理学的知识，远远不够，还必须在实践中总结经验，要得到名师指点，要坚持做教育教学反思，更需要教育名言的鞭策。

我喜欢的教育名言有：

1. 玉不琢，不成器；人不学，不知道。——《礼记·学记》

2. 善歌者，使人继其声，善教者，使人继其志。——《礼记·学记》

3. 业精于勤，荒于嬉；行成于思，毁于随。——韩愈

4. 师者，人之模范也。——扬雄

5. 要想学生好学，必须先生好学。唯有学而不厌的先生，才能教出学而不厌的学生。——陶行知

6. 捧着一颗心来，不带半根草去。——陶行知

7. 行是知之始，知是行之成。——陶行知

8. 好的先生不是教书，不是教学生，乃是教学生学。——陶行知

9. 凡为教者必期于达到不须教。——叶圣陶

10. 教学的艺术不在于传授本领，而在于激励、唤醒和鼓舞。——第斯多惠

11. 一个坏的教师奉送真理，一个好的教师则教人发现真理。——第斯多惠

12. 什么是最好的教育？最好的教育就是无所作为的教育：学生看不到教育的发生，却实实在在地影响着他们的心灵，帮助他们发掘了潜能，这才是天底下最好的教育。——卢梭

13. 凡是教师缺乏爱的地方，无论品格还是智慧都不能充分地或自由地发展。——罗素

14. 问题不在于告诉他一个真理，而在于教他怎样去发现真理。——卢梭

15. 教学必须从学习者已有的经验开始。——杜威

16. 一切学科本质上应该从心智启迪时开始。——罗素

17. 使教育过程成为一种艺术的事业。——赫尔巴特

18. 只有受过一种合适的教育之后，人才能成为一个人。——夸美纽斯

19. 教师是过去和未来之间的一个活的环节。他的事业，从表面来看虽然平凡，却是历史上最伟大的事业之一。——乌申斯基

20. 只有能够激发学生去进行自我教育的教育，才是真正的教育。——苏霍姆林斯基

其他教育名言有：

21. "你的教鞭下有瓦特，你的冷眼里有牛顿，你的讥笑里有爱迪生。"教学工作者的一言一行、一举一动都会给学生造成深刻的影响。一个冷漠的眼神、一句刻薄的话语、一次不公平的对待，都可能会影响孩子的一生。

22. 体罚和讥笑、冷漠会给学生造成生理和心理伤害。学生的聪明才智不敢发挥，我们的教育便很难培养出具有创新意识的人才。如果没有立德树人的仁心、没有诲人不倦的耐心、没有有教无类的公心，那么这样的教育是没有温度、缺乏责任心的。

23. 在教师主导作用下，充分发扬教育民主，发挥学生的主动性，应成为我国师生关系的特征，受教育者的全面发展既包括生理的发展，也包括心理的发展。

24. 一个合格教师，必须具有灵活的教育机制，善于处理各种偶发事件和教育过程中的其他问题。教师对学生既要尊重信任，又要严格要求，面向全体，又区别对待，因材施教，既适时适度，又持之以恒，既重视学习，又注意品德、体质的发展。

……

第二章　玉不琢，不成器

　　一块玉，如果不经过精心雕琢，就成不了器物。谁的成长都不是一帆风顺的，学生的成长过程更需要老师和家长的共同呵护。

一、爱心呵护

"爱，是教育的基础；没有爱，就没有教育。"这是关于爱的教育的至理名言。

1. "巨婴宝宝"的早恋

小军（化名）[a]是一个身高近 1.8 米、身材魁梧的 13 岁男孩，他满脸稚气，说话总是缓缓地，轻声细气地，把聆听者急得不行。

语文老师问他要作业，他就低着头、拉着脸、眨着眼睛，许久不说一句话。老师着急了，轻轻拍着他的肩膀问原因。他慢吞吞地支吾："我，我……"语文老师怎么也问不出原因，无奈地摇着头，去找班主任反映。

小军也不向班主任说明原因。最后，班主任把小军妈妈叫来询问情况，也没问出什么。

经历了几件这样的事情之后，大家一致认为这个孩子心智不够成熟，像"巨婴宝宝"。这个孩子也成了我们关注的焦点。

最近，听说"巨婴宝宝"有了早恋倾向。班主任说，男生足球比赛结束后，赛场上最耀眼的一颗星受到了班里所有同学的称赞！一个叫王晓琪的女生也去祝贺了这位优秀的男生足球运动员。

小军看到后很失落，自己躲在一个角落里伤心落泪。王晓琪是小军的同桌，小军觉得王晓琪去祝贺另一个男生就是背叛了自己，所以很伤心！

班主任了解情况后，悄悄地做了很多事情。

首先，班主任了解到，积极阳光的王晓琪并没有早恋倾向，而且她不知道小军的想法。然后，班主任又向小军询问，小军说喜欢王晓琪笑起来的模样，喜欢王晓琪开朗的性格。

于是，班主任得出了这样的结论：小军出现了青春萌动现象——他单相思了。

但是老师和同学没有疏远小军，更没有嘲笑小军。课间，同学们和小

---

a 本书出现的人名均为化名。

军一起说笑；在校园里散步时，同学们和小军一起分享快乐的事情；周末，同学们约小军一起复习功课……小军慢慢地调整好了情绪，自信满满，脸上洋溢着幸福的笑容，也喜欢和同学交流了。在老师和同学的巧妙引导下，似乎一切都恢复了平静。

但过了几天，小军又趴在桌子上伤心地流眼泪。班主任把小军叫来询问原因。小军红着脸说："老师，您为什么要给我换同桌呢？我不愿意其他男生和王晓琪做同桌。"

班主任明白了，小军还没有彻底走出来。

看着小军可怜的样子，年轻的班主任觉得小军的心思没有完全用在学习上，思想态度有问题，说话直戳小军心窝子："你看同学们都在努力学习呢！你年龄这么小，以后还要经历很多事情，你的路很长，只要你足够优秀，欣赏你的女孩子就会有很多的！别这么没出息！"

小军低着头，眼泪都流出来了。他仍然不能理解班主任的话。

班主任又说："我给王晓琪排座位，是管理班级的需要，因为这样有利于同学们的学习和生活！你也不要这样，中学生年龄小，心理发育不成熟，无法承担应有的责任！"

小军急得哇哇直哭："反正我不要你给王晓琪换同桌！呜呜呜……"

下午，小军的妈妈来到学校。她是一位事业有成的女性，优雅端庄。她走进办公室，坐下之后和班主任交谈了很久。临走时，家长走到我跟前问情况，我跟家长说了孩子的表现，建议她慢慢疏导：帮助孩子把心思放在学习上，帮助他做好学习规划，并监督他学习；学习之余引导他关注新闻热点，分析社会现象，形成正确的是非标准；买些名人伟人的成长类书籍让孩子读，看看成功人士的中学时代是怎么度过的。同时，也建议妈妈多多关爱孩子，多多和孩子交流沟通，了解孩子的思想状况，发现问题及时引导教育；如果孩子思想执拗，可以带孩子做做体育运动，如爬山、游泳、打羽毛球等，帮助孩子转移注意力，调整情绪；避免提及不利于学习和成长的事情，努力培养孩子健康的兴趣爱好。

很多家长总是以事业为重，平时很少和孩子沟通，忽视了孩子的心理成长。即使和孩子面对面坐下来的时候，他们心里也还想着工作，很难静下心来思考孩子的问题，更无法走进孩子的心里，时间久了，双方的隔阂越来越深。有些家长虽然把孩子从爷爷奶奶跟前接到了自己身边，但是，依旧没有时间真正陪孩子。

其实，像"巨婴宝宝"这样的孩子比较多，他们的心里很孤独，又正好处在青春期，朦朦胧胧的情愫困扰着他们，他们自己又不会排遣。如果把握不好，容易形成单相思，进而造成更大的身心伤害。

还好，小军在妈妈和老师的呵护下变得很阳光、很积极。

感悟：陪孩子成长，是用心陪孩子，用心交流，父母对孩子进行正确引导。父母一定要多多关爱孩子，转移孩子的注意力，培养孩子其他兴趣爱好，端正孩子的思想态度，让孩子把时间和精力放在学习上，不能像小军一样陷入单相思。

2. 朦胧的爱

在十二三岁的孩子的心里，对异性有一种说不清楚、朦朦胧胧、非常美好的情愫。但是，从教育者的角度来说，要引导孩子正确面对这种情愫的出现，并及时加以引导。

有一天，我正在备课，听到班主任和家长通电话："她和同学上课说话，重新调了一个同桌，新同桌是我们班班长。班长课下向我汇报说，她上课一直在班长耳边夸赞班里的另一个男生，搞得班长无法听老师讲课。班长觉得很烦人！我们问了被她夸赞的男生，男生也觉得莫名其妙。"

班主任放下电话后，旁边的老师从没见过班主任如此生气，就问发生了什么事情。

班主任生气地说："我们班的王小蝉这几天一直夸赞一个男生，不用心学习。我也发现王小蝉有问题，比如，上体育大练习时，王小蝉却拉着女同学往男生堆儿里钻！她妈妈刚才在电话里也说了，王小蝉周末去超市都要给自己打粉底、化彩妆。"

学生课本里有这样一段话："步入青春期，一股从未有过的心潮悄然涌动，带给我们一种特殊的情感体验，这是青春期的心理萌动。在异性面前，我们有自我表现的欲望，更加在意自己的形象，渴望得到异性的肯定和接受。"

种种迹象表明，这是青春期的心理萌动。

第二天，班主任把王小蝉喊来。王小蝉已经有两天没有做作业了，不但学习受到了严重的影响，而且班里的其他同学也都渐渐疏远了她。

王小蝉接过老师给的语文练习册，孤零零地站在那里，一句话也不说。

大约5分钟后，我走过去和她聊天，她平静地看了看我。我严肃地说："你现在是中学生，主要任务是学习，你想想，你的行为有没有影响学习呢。"

王小蝉低下了头，惭愧地说："影响了！我不该那样！"

我说："你现在正处于人生的春天，春花烂漫，精彩纷呈，这个时候应该专心读书、学习。处在春天就要和大家一样做好春天的事情，内心坦荡，言谈得当，举止得体，过早地步入夏天和秋天享受风景，没有任何好处。你这样做，得不到任何人的赞赏，大家反而会疏远你！你的人生犹如一张白纸，应该画上美丽的第一笔，而你却在自己这张白纸上乱抹了几笔，非常难看，很不协调。所以现在需要用你积极、认真、端正的学习态度和高尚的行为把那几笔盖住。"

孩子听得很认真。

我又说："人都会犯错误，关键是怎么对待这种错误，要看你后边怎么去做！"

孩子轻轻抽泣着，眼泪哗啦啦地往下流。我转过身从桌子上拿了一张纸帮孩子擦了擦眼泪。

接着说："老师相信你能很快调整好自己，一定能改正错误、努力学习。你也要体谅班主任和父母亲的良苦用心。"

孩子点头："我一定好好学习，以后不再想这些与学习无关的事情。"

王小蝉的行为只是众多初中生的典型表现。大多数孩子是有分辨能力的，知道哪些事情可以做、哪些事情不可以做。即使有这种青春期的心理萌动，他们也会把握分寸，慎重对待，理智处理。

感悟：孩子出现青春期的心理萌动现象，老师和家长不可责备，应该正确引导，告诉他们应该内心坦荡、言谈得当、举止得体，多多关注学习。有些孩子辨别能力不强，抵抗诱惑能力差，受言情小说影响，发展下去就可能形成早恋，学习和身心健康受到影响。老师和家长一定要对孩子做好疏导。"动之以情，晓之以理"，引导他们走出困境，端正态度，培养学习兴趣。

3. 欲开的玫瑰花

在希腊神话中，爱神阿佛洛狄忒为了寻找她的情人阿多尼斯，奔跑在玫瑰花丛中，玫瑰花刺刺破了她的手和腿，鲜血滴在玫瑰花瓣上，白玫瑰从此变成了红色，红玫瑰也因此成了坚贞爱情的象征。

我要说的是发生在刚刚步入初中的十二三岁孩子生活中的故事。有关男生女生交往的授课内容，是在七年级的第二学期，但是这些美丽的玫瑰花季提前到了，而且来势凶猛，此起彼伏。

一位班主任在办公室里跟我们讲，有个男孩子抚摸着一个女孩子的头发，深情地说："你们班的女生比我们班的漂亮。"

老师们纷纷询问事情经过，听完之后，充满疑惑。

十来岁的学生，怎么会有这样的举动？

随后几天，另一个班主任也在办公室无奈地说："我们班的小男生怎么能这样呢？他向女生打听来月经的事情，竟然想看看卫生巾是什么样子的。"这个女老师声音很小，但是很想向我们求助。

这天上午第四节课之前，我忙着写教学方案，前边办公桌旁站着两个高个子男生，他们和班主任聊了很长时间。开始，我只是急于思考教学，并没在意他们说什么。记得上课铃声响了之后，他们才离开办公室。

办公室只剩下我们两个人。班主任又笑呵呵地对我说："我们班这两个男生，长得比较帅，所以经常有女孩子下课来找他们。"

"啊！这么小就有这种情况啊？"我有些诧异。

"是的！每天一下课，我们班教室门口就围满了其他班的小女生。"

班主任又说："还好，男孩子很坦诚，他们并不想因为这些事情影响自己的学习，更不想被老师误解，所以刚才主动来告诉我。"

班主任给孩子讲清道理，并且教了处理的方法：不必理会，用心学习。

随后，班主任又在教室里给女生做思想工作。

"女孩子，正值人生的美丽春天，不要做夏天、秋天的事情。"

"可如果是纯洁的同学友情，应该注意交往的方式、场合、频率。"

"要积极阳光，活泼开朗，不能经常只和一个异性同学来往。"

"尽量在公共场合和异性同学处理学习和班级里的事情。"

……

又过了几天，一个男生在我跟前纠错，我和他聊了起来。慢慢打开了他的话匣子，他开始滔滔不绝了："老师，你前边的女老师比我们班主任漂亮，我们班的目标就是要比美女老师的班更优秀！"

我问他："你怎么知道她班的比你班的好？"

他说："老师，这个您就不懂了。因为她班里有很多我认识的朋友。"

我故意说："男的还是女的？"

他轻轻说："男女都有！"

我故意笑着说："哈，怎么还有女朋友？"

"多啦！谁没有女朋友！"他平静地说。

我回忆着他们上课的情景：怪不得我讲友情和爱情区别的时候，他们会流露出怪异的表情。

我又笑着说："这只能叫异性朋友，你们交女朋友还早着呢！随便说女生是女朋友，也是对女孩子的不尊重哦。"

"哦，这样啊。"男生不好意思地挠挠头，笑了。经过和孩子们聊天，我们发现，多数孩子是有是非标准的，不做违反原则的事情，但他们的精神世界极其丰富多彩。有些孩子总是遮遮掩掩不让老师和家长知道他们的事情，表面上依旧认真学习、遵守纪律、积极进取、考出好成绩。我们知道的只是一点点，还需要跟孩子做朋友，多多关注他们的想法。

"相遇青春，他们心中开始萌发一些对异性朦胧的情感。这是青春成长中的正常现象。在与异性交往的过程中，他们会因为对异性的欣赏、对美好的向往而愉悦，也容易把这种欣赏和向往理解为爱情。其实，这并不是真正的爱情。"

"爱情是一种高尚的情感。爱情意味着欣赏和尊重，更需要责任和能力。面对生活中可能出现的朦胧的情感，应该慎重对待，理智处理。"

我们发现的"早恋"，只是在早恋周围徘徊而已，并没有发展到早恋，更多的只是好奇、跟风。欲开的玫瑰花更需要精心呵护！

感悟：老师和家长必须给予正确的引导。孩子到了青春期，主要任务是学习，出现青春期生理、心理变化很正常，但必须谨慎对待。在正确的时间做正确的事情，处在人生的春天，就不要做秋天的事情。

4. 一个男孩子的青春期苦恼

我给（1）班孩子上完课，刚回到办公室，还没坐下，就跟进来一个男孩子，他脸庞白皙，五官清秀，面带微笑。他望了望我，眼睛又垂了下去，脸涨得通红，又抬头看了我一眼，声音非常细微。

我听到了"帮帮我""爱上""上课、下课在我跟前晃荡，我怕分散我的注意力，影响我的学习……"

我没有再往下细问，只是从我捕捉的信息里分析出，一个女生的出现影响了他的学习状态。

我对他说："这是一种正常的心理现象。但是中学生心理还没有成熟，缺少社会经验，经济上没有独立，无法承担责任。而眼下的任务是成长和学习。"

他听着，真诚地点点头。

我又说："咱们的课本上也说了啊，男生女生的正常交往有助于学习对方的优点，有助于塑造良好的自我形象，是成长中的重要内容，也是一种考验。"

他轻松了很多，看着我说："是的，老师，我认真听课了。"

"和女同学交往时，不要去偏僻的地方，不要在傍晚人少的时候和女孩子聊天，交流时不要轻声细语，要大大方方、内心坦荡、积极阳光，不要推推搡搡、拉拉扯扯，还要注意语言文明，更不要频繁地和个别女生交流，以免造成误会……"我重复着学生课本上的内容。

他又说："老师，我想到这些，就心跳加速，难以平静……"

我拉起他的手，看着他的眼睛，真诚地鼓励他："不要想太多，不要有压力！你可以去听听音乐，做做体育运动，转移一下注意力。你可以感谢女同学对你的欣赏，和她们一起关注学习和获取知识，比如，推荐她阅读励志类、名人传记类的好书，学习成功人士的思想理念。这也是对她的尊重。也希望她在你的呵护下、在阅读好书的过程中调整好心态！憧憬美好生活，心怀感恩。你作为男生，更应该自尊自强。"

男孩子想了想，点点头。

"先这样处理，如果有事情可以随时找我沟通。好吗？"

我说完，观察着男孩子的状态。

男孩子点头答应着，说话的声音非常小，他很腼腆。但是我从他的眼睛里看到了一股力量、一种责任感。

男孩子向我致谢，愉快地回教室去了。

感悟：孩子步入青春期，在生理上、心理上都会发生很大的变化。如果得不到正确的引导，就会对身心成长、性格形成、价值观形成造成很大的影响。老师和家长的细心呵护非常重要，因为呵护表达着关爱和尊重，青春期的孩子更需要呵护。

我们都应该给予孩子更多的呵护，而不是整天只追求分数。

5. 女孩儿变了

（3）班班主任是一位年轻的女老师，参加工作还不到一年，工作热情极高，所带班级学习成绩好，在学校组织的多项活动中都能获奖。她班的授课老师都说这个班的学生学习主动性强，很优秀！

但是最近出现了奇怪的事情，班里有个漂亮的女孩子变了：不按时交作业，无心学习，下课就爱找男孩子聊天，只要有时间就找男孩们玩儿。

男孩们说遇到这样的女孩子，感觉很心烦，所以他们纷纷找老师告状。

这位班主任先是给女孩子讲道理、做思想工作，然后给女孩子调换了一个新同桌。

很快，新同桌又来告状了："老师，我不想和她坐同桌，她告诉我她喜欢有特点的男生。和她坐同桌，我心情不好……"

这些小男生的表情极不自然，噘着小嘴，学习受到了影响。班主任给男生们做思想工作，疏导情绪。终于安抚好了这些小男生。

班主任叫来女孩子的家长，一起分析原因，并采取解决措施，例如改变环境、转移注意力、制订新的学习计划等。过了一段时间，发现一点效果也没有。

在其他学生身上采用这样的方法都是有效果的啊！

班主任百思不得其解，经过多方面调查，并且和家长多次沟通交流之后，终于找到了原因。原来是家长不配合，没有认识到问题的严重危害，不但没有严格管教，还纵容孩子的不良行为。家长以自己当年早恋早婚、生下孩子的时候也不成熟为理由，硬说自己不懂教育，不会监督和面对孩子的这些状况。

感悟：孩子的教育问题不仅是老师的事情，更是家长的事情。"家庭是孩子的第一所学校，父母是孩子的第一任老师。"要教育好孩子，需要家长和老师携手并进、互相配合。

遇到这种情况，家长不应该逃避问题，而是要在老师的帮助下，主动和其他家长作比较，思考其他家长的自身修养、知识储备、生活理念、习惯爱好等，找到自己的差距和不足，从自身做起加以调整。

家长的言传身教直接影响孩子的思想和行为，家庭环境的熏陶也至关重要。

6.可恶的"咸猪手"

一个女孩子在办公室门前徘徊了很久，看见班主任，几次都是欲言又止。这次，女孩子终于走进了办公室，主动找班主任谈心了。

"在车上遇到一个男人摸我……"终于说出来了，女孩子哇哇大哭！

年轻的班主任听到这个消息，如同五雷轰顶！可恶的"咸猪手"啊！

班主任也哭了，她擦干眼泪，安慰女孩子："不要怕，不是你的错。面对坏人首先要保护好自己，比如大声呼救、远离他，及时报警或告诉老师、家长，寻求帮助等。如果能指认出坏人，我们要狠狠批评教育他，让他给你道歉并受到应有的惩罚！是他的错误，也怪老师和家长没有保护好你。"

班主任又叫来了女孩子的父母。当和父母说起此事时，父母也是大吃一惊，伤心地埋怨自己没做好保护。妈妈紧紧抱着女儿，母女一起痛哭！

孩子的心灵受到了伤害，心里产生了阴影！

我们给家长一些建议:(1)营造和谐健康的家庭氛围，更加关爱孩子，改变对孩子的教育方式，与孩子心平气和地沟通，经常鼓励孩子，以此消除孩子的心理阴影;(2)肯定、适度地夸赞孩子，帮助孩子树立自信心，引导孩子多和外向的、性格开朗的同学做朋友;(3)带孩子做一些感兴趣的事情，比如，一起唱歌、听音乐，一起做运动、爬山、游泳、郊游等，尽快忘记以前不愉快的事情。

从这学期开始，我试图让这位女孩子做我的学科代表，目的是多多疏导她，帮助她尽快调整心态更好地学习。这位女孩子是相当聪慧的，她也想要尽快改变现状，投入学习之中。

我们的课本要讲"男生、女生"了，我认真备课，选择了一些典型素材，精心做了刻画，让学生明白每个人的一生都不会一帆风顺，都可能遇到麻烦事，甚至受到坏人的伤害。我们自己要有是非、善恶标准，要坚强面对。如果遇到坏人，要在保护好自己的前提下寻求帮助，严惩坏人。让正义战胜邪恶，树立社会正气！要把人生道路上的挫折当作前进路上的垫脚石，从这些经历中汲取经验教训，增长智慧。

所有孩子听得很认真，表现得很坦荡、很阳光，我看到女孩子脸上也有了笑容，笑得像花儿一样美丽。

下课了，女孩子轻快地走过来给我交课堂作业，很真诚、很喜悦，向我问好！我像往常一样和她打招呼。当她转过身的那一瞬间，我看到了希望！她心里的"结"解开了！

班里不再像以前那样死气沉沉了，气氛很融洽。学生们遵守纪律，自尊自爱，积极向上，都在努力学习、提升自己！

他们在这个用"爱心"呵护的氛围里发生着变化。

……

感悟：孩子在成长过程中可能会遇到很多挫折，一定要多多关爱孩子。当他们遇到挫折或受到伤害时，父母和老师一定要细心呵护，帮助孩子建立是非标准，并勇敢面对。遇到坏人，告诉孩子要及时向父母、老师联系寻求帮助，严惩坏人，树立社会正气。

7. 处理男女生冲突

新入学的初中生只有十二三岁，他们对什么都好奇：新学校、新班级、新老师、新同学、新书本、新同桌、新课表……

刚开始，他们静悄悄地，眨巴着眼睛观察、思考。老师说什么都记得清清楚楚，做得也很认真。他们的单纯和真诚让老师很欣慰。

慢慢地，有些孩子变得磨磨蹭蹭，开始反驳老师；有的孩子不认真写作业，不及时纠错；有的孩子执意说自己是对的；甚至有个别同学开始挑衅老师的权威，然后看着老师生气的样子，自己低着头偷笑。故事天天发生，一个接着一个。老师刚处理好这件事情，接着又要处理下一件事情，每件事情都不一样，像上演电视连续剧一样，惊心动魄，环环相扣。

忙忙碌碌地过了一个礼拜，回过头想想正在发生和已经解决的事情，觉得又好气又好笑。我们惊叹：孩子们的"创造力"非常强大！

又发生了一件事情。

这节课是练习课。讲完要求之后，孩子们和往常一样开始练习。为了培养他们的专注力，让他们改掉做事磨磨蹭蹭的坏习惯，我激励他们：做得又快又好的前五名，有红章奖励！

他们很在乎老师的红章奖励，因为得到一定数量的红章就可以兑换奖品，奖品大多是作业本、文具袋、签字笔之类的学习用品。但是我发现他们更在意活动过程和领奖品时的自豪、喜悦！

教室里很安静，他们都在认真练习，争取夺得前五名。

10分钟后，一些同学做完了，我走过去批阅，并兑现红章；给一些学生及时指出问题，还表扬了做题认真、知错就改的同学。

一转身，又有几个同学举手示意自己做完了要求批阅。我回到讲桌旁，他们也就跟着往讲台前疾步走来。

班里有一个叫小房的男孩子，他嗓音洪亮，阳光积极，做事干脆利落，他非常喜欢我的课，经常帮我开电脑、插U盘、播放课件。记得有一次下午放学后，我和他在饭堂里相遇，他主动和我聊天，说他喜欢我的课，还说了一些他对时事热点的看法。

我观察他的表现，他很在乎我的红章奖励，也想回报老师或者展示自己。只见他不动声色，双眉紧锁，静静思考，奋笔疾书。

我接过他交的练习一看，他做得全对，是第二名。我立刻奖励他5枚红章。他看着自己练习本上的红章，脸上乐开了花。

紧接着，一个女生也走过来交练习本，并在我耳边说："老师，小房刚才上来的时候拉我的衣服，把我的内衣都拉出来了。"

女生哭丧着脸，一副悲哀而又生气的样子。

我觉得小房平时为人单纯，又看了看女生的衣服很整齐，心里有了判断，我问她："他是故意的还是无意的？"

女生说："我看是故意的！"

我分析全部过程，认为小房肯定是想争取获奖，不甘落后，确实对女生有推拉的动作。女生被小房拉了一把，落在了后面，出于报复很可能添油加醋。

我对女生说："好的，我知道了，我会批评小房。你轻松点，快快乐乐学习！"女生听完，点点头，回到了座位上。

经过我的课堂激励，学生的练习不仅速度快，而且出错率降低了。我讲评这次练习和强调问题的时候，却听到了轻轻的抽泣声。

原来，是那个女生在哭。

我立即停下来，轻轻走过去安慰她，看了她的名字，对她说："先别哭了，我下来和小房谈。你这么伤心，那些故意伤害你的人看见你的样子，他也不会同情你的，你这是拿别人的错误惩罚自己。赶紧别哭了，宽以待人，先调整情绪，老师下课批评他。以后，如果有任何一个同学欺负你，你告诉我，我去收拾他，我一定给你撑腰。"

我发现女生的情绪好多了。我讲完课安排了学生复习，走到小房跟前和他交流。当我说到以后不要欺负同学、伤害同学时，小房疑惑地反问我："老师，我伤害谁了？"

他竟然没意识到！

我果断地说："你要是不知道，我就不说了，有则改之，无则加勉。不能伤害同学，特别是女同学。"

小房转过头，认真地想了想，又说："老师，不行，我如果伤害了谁，我得给人家说说，道个歉！我没想伤害谁啊！"小房一脸疑惑。

"你刚才交作业的时候，是不是拉了同学一把？你应该给同学道歉。而且是个女同学。你想想，拉了谁？"我轻轻地说，并且专门提醒小房："你拉了一把同学，同学心里不乐意。下课应该给她道歉。男同学要大度，更要学会包容。"

"我知道了，但我确实不是故意的。如果她不乐意，那我就给她道歉，没问题的。"小房答应得很痛快。我又耐心地开导了女生，要学会包容同学，如果是故意欺负女同学，应该要求他道歉，并帮助他改正；如果是无意识不小心拉了一把，就要多多宽容同学。

课间活动的时候，我还专门观察了女生，看她笑嘻嘻地出现在我面前，我才离开。我以为事情结束了。

我又上了一节课，回到办公室里和前边的数学老师交流上课的感悟。说到小房的事情，数学老师补充说，女生闹到班主任那里了，班主任把小房叫来问话的时候，小房觉得委屈，也哭得一塌糊涂。

我诧异了！怎么还有这样的后续发展。数学老师也说了，认为小房是无意的，就是想争取获奖而已，没有什么坏心眼儿。数学老师和我的观点一致。

放学铃声响了，学生纷纷走出教室准备回家。我在走廊里碰见了那个女生，我问她想通了没。她笑着说："没事了，老师！"

我是真的希望没有事情。但是这些步入青春期的学生们经常反反复复，真的让人不可忽视。我调转方向，觉得应该和班主任沟通一下。

等我和班主任说完，班主任把小房的表现全面反馈了一下，谈了自己的看法。青春期的孩子不仅多事，而且很敏感，这就需要老师和家长多多观察，及时帮助他们解决问题。

感悟：他们是学生，是祖国的花朵，是未来祖国的建设者。老师的工作就是帮助他们健康成长，帮助他们掌握知识和技能，培养优秀品质，成为合格的建设者和接班人。老师的责任重大。很重要的一点：老师必须有足够的耐心，而且要细心观察和疏导，不能放过任何一个细节。

8. 发现优点

在我们的印象中，学困生的表现大多是不遵守纪律、不完成作业、不认真听讲等等，但是很多学困生身上也有闪光点。

周一早上，年级要在公布栏张贴第一次值日检查表。这个公布栏的板子是上周末才买的，第一次启用，要抠去上边粘贴的黑纸。

我看见几个学生经过，顺便喊了过来帮我抠去黑纸。黑纸贴得很严实，难以下手，他们细心地观察着。

两个女生先动手抠，但都半途而废了，需要重新开始，但她们没有气馁。

一个男生找到了要领，整块往下抠，他做得很仔细。其他同学也都像他一样抠。

快上早读了，我吩咐他们先选择一个整块一起抠掉，就可以启用了。

过了一会儿，我和他们商量："你们先回教室去吧，下一个课间我重新找几个人来抠。"但他们执意要自己做。

我认得这几个学生，他们都是（6）班的学困生。他们平时学习表现不积极，经常因违反纪律被老师批评。

我陪着他们一起抠，终于有一个公布栏可以使用了，把要贴的记录单放上去后。我说："不要耽搁你们早读，先回教室吧！"

看着他们回教室，我也回办公室开始新的工作了。

我一直穿梭在东边的教室和办公室之间，直到第四节课上完以后，我走近公布栏。天啊！竟然全部抠掉了！一个个崭新的公布栏呈现在我的眼前，每一个都干干净净的。

我心里感激着（6）班的这几个学生，并向（6）班班主任夸赞了他们。老师常会对学困生有不好的印象。但是，这些学生也有很多值得夸赞的好品质，他们动手实践能力强，认真、执着、一丝不苟，做事情有始有终。作为老师，不仅要引导他们努力学习、提高成绩，而且要通过学校里的各种活动培养和发掘他们的优秀品质，在其他方面肯定学生。家长在家里也应该如此。

感悟：这几个学生都是公认的学困生，但是他们身上有着认真、执着、一丝不苟、坚持不懈等优秀品质。在教育中，如果老师不是一味地瞄准他们缺点去放大，而是捕捉他们的优点去发掘，唤醒的不仅仅是学习动力，更能培养很多优秀品质，这些优秀品质能真正使他们受益终身。

9. 多读有益书籍

我站在（1）班教室讲课，远远看见一个男生偷偷从桌子里掏出一本书看。厚厚的书不是我们的课本，我准备过去制止。

我一边往他跟前走，一边想：最近学生喜欢关注什么书啊？是语文老师推荐的名著吗？

那个男生感觉我走过来了，小心翼翼地把书往书包里推了推，想掩饰一下。我还是掏出了他的书，只见封面写着《××传说12》，还写着"一段万众瞩目的武魂传奇，一曲大气磅礴的××之歌"。

显然，这是一部武侠小说，并不是语文老师推荐的名著。男生望着我，知道自己错了，惭愧地低下了头。

等下课了，我带着他回到办公室。他的态度很诚恳，压低了声音说了自己的姓名和选择这本书的理由。据他说是他的一个小学同学向他推荐的这本书。

我又问："为什么要在我的课堂上看？"

他说："我看您还没开始讲课，就拿出来看看，等您讲课的时候再放下……"

我说："铃声响了，就是要准备上课了。第一个环节是提问上节课所学的知识。你应该自己复习等待提问！在这个课堂就应该学习这个学科，思考、讨论、提出问题、练习等。你怎么有这样的想法呢？"

课间10分钟，老师们都在办公室里休息。

他的班主任黄老师对我说："牛老师，我已经约好家长了，他的家长一会儿过来，我正要跟家长说这件事情……"

我想了想，对班主任说："这个孩子的问题没必要告诉家长吧？"

班主任又说："他看这类书已经被好几个老师发现了，也批评过很多次了，还是不改正。"

听到这里，我感觉问题有些严重，有必要和家长一起解决这件事情了。

学校老师已经多次发现孩子的思想没有集中在学习功课上，难道家长全然不知吗？语文老师推荐了那么多的名著，孩子读完了吗？

孩子书包里装了什么书，这些书又是怎么传到孩子手里的呢？这些都是家长应该思考和关注的问题。今天发现一本与教学无关的课外书，如果明天发现一本荼毒青少年意志的盗版书、违禁书，对于他们未来的成长则更加不利。

　　感悟：家长和老师应该教会孩子如何选择书籍！选择书籍如果不恰当，书中消极的、阴暗的思想会腐蚀孩子的心灵，使他们没有正确的是非观念和善恶标准，导致他们的行为不端正，时间久了就会影响他们的性格发展。家长不仅要避免孩子接触不良青年，还要引导孩子阅读积极健康、充满正能量的好书，只有这样，才能让孩子从书中汲取营养从而使自己强大。

10. 不吭声的孩子

　　班主任告诉我，李西是一个内向、不爱吭声的孩子，老师要求纠错的数学试卷他从来不主动纠错，老师问话他也从不回答。班主任指定了一个同学帮助他，他也不和这个同学交流。

　　老师很着急，询问家长李西在家里的表现，家长什么也没说。

　　我特意翻了他的测试卷，分数不高，但是短短几句答案还蛮有道理的，说明他挺聪明的。

　　还有一个孩子和李西有相同特点：平时不吭声，不和老师交流，不完成作业。这次测试选择题相当难，但他做对了 15 道，只有 2 道做错。如果答案不是抄袭的，那可以说明这个孩子也非常聪明。

　　同班同学说，他在教室里从来不说话，他自己去饭堂，一个人玩儿，成绩平平，并且在小学也是这样的。

　　其他学科老师说他平时不交作业、不纠错，批评好几次也没有效果，长时间不读、不说、不写，就跟不上其他同学的学习节奏了。

　　对于他的问题，我们代课老师总是一起分析。为了让他跟上全班同学的学习节奏，每天下午放学前，会有语数外老师轮流辅导他完成作业；天冷下雨的时候，老师们会提醒他添加衣服或者把雨伞送到他手上；老师们还经常引导他为班集体做好事。

渐渐地，他感受到了班集体的温暖，脸上有了笑容，也乐意走近同学，主动和同学交流。

感悟：要帮助学生改正缺点和不足，就要走进学生心灵深处，让他们感到暖意融融，有动力改正；也要培养学生多种优秀品质，使其在与同学交往中认识问题，完善自我，改正错误；对于没有理解掌握的知识，老师应该给学生多次讲解，不要觉得一些学生学会了，所有学生就都会了。同时，家长对于这些孩子，更要关爱呵护，悉心引导。

11. 老师，请您收下

我上课的第一个环节是考查上一节课知识的掌握情况。短短几分钟练习之后，把考查内容全部收上来，安排在课下批阅，发现问题，及时反馈。

第一个环节结束后，我便开始讲课，习惯性走下讲台，和学生互动。

走到他跟前，他拿起一张纸递过来，望着我说："老师，请您收下，我只是写得慢，我都会……"他小声说着，还晃动着手中的纸，一脸的祈求，眼神纯净，非常真切！

孩子这么认真，仍不放弃交作业并希望让老师检查。况且，他是坚持写完了才交过来的。他很想全写对，很想写到最好啊！我被感动了！

我们每天培养孩子积极努力、坚持不懈、追求完美的精神品质，这个孩子的表现难道不是吗？

我赶紧收了他的作业。想起开学初我见到他的时候，是在教室最后一排座位，他上课一直趴在桌子上睡觉。被我唤醒之后，他有些不情愿，一直是懒于学习的样子。

还有一次，我看到他在睡觉，就在他背上轻轻拍了一下，他竟然说我打他。我笑着问："打疼了吗？"他却不吭声。

但我没有放弃对他的管理和教育，我一直在鼓励他。在教室外，在课堂里，孩子总能感觉到我的关注和鼓励，也觉察到我对他的关爱，所以他就一次次表现自己，认真地完成我安排的任务。

他妈妈专门来到学校和我聊天，说了他的变化，表达了孩子对我的喜爱。我也肯定了孩子的优点。

后来，孩子变得更加优秀了。

感悟：教育孩子需要用心唤醒和细心呵护！对这个孩子的教育的转变，都是从孩子身边的细节之处做起，如同春风化雨。

12. 不平凡的一天

今天真是不平凡的一天，不到一个小时，发生了两件触动心灵的事情。写出来，帮我理顺思绪。

（1）本性

一大早，我穿着漂亮的红色连衣裙，背着电脑出现在教学楼五楼。远远地，有两个学生去水房接水，他们看见我，就举着水杯向我招手。被关注的感觉真好！我也高高举手向他们问好。

"王小乐，你过来一下！"前天晚上我答应他的妈妈和他谈话，我认为这个时间比较合适。

另一个孩子已经接满水，转身急急地往我这边走。王小乐着急地说："老师叫我呢，没叫你！"另一个孩子反驳说："一样，我也过去。"说着，他首先到了我跟前。

我问他最近学习有什么困难，并给他指点了一些学习方法。孩子真诚致谢。王小乐在旁边站了一会儿，等我们说完，他走到我跟前，低下头聆听着。我鼓励他们，继续点拨学习方法，帮助他们树立自信。直到两个孩子高兴地离开。

感悟：这两个孩子的本性是积极主动的。成长过程中难免出现思想波动，我们应该在他们徘徊的时候疏导他、唤醒他，使他们少走弯路；在他们前进的路上传授经验，帮助他们提升进步。

（2）说谎话

在我编辑微信的时候，前边的班主任举起教鞭，在学生的练习册上啪啪抽打，生气地说："自己抄作业，被我看见了，还说自己没抄，就差给你放监控视频了。天啊！你明明做了错事还不认错改正！"班主任举着教鞭的手不停地在空中晃动，身子在摇摆。她被学生的这种做法气坏了，但还是不忍心把教鞭落下去。

抄作业的学生愣愣地望着老师。平日里温柔的老师真发怒了！

我调整好自己被惊吓的情绪，对学生说："看你把老师气得，老师每天晚回家早到校来管教你们，她要带班还要上课，50多个学生都需要她管理，她每天都全身心投入，多么疲惫啊！你们难道不懂感恩老师吗？快一米八的个头了也不叫人省心！"

"说谎话骗人，颠倒是非，是极其恶劣的品质。谎话会遮盖事情的真相，造成很多误会，冤枉很多好人，也耽误很多事情。"班主任气愤地说着。

一顿说教之后，孩子认识到自己的错误，真诚地走到班主任跟前深深鞠躬道歉。

班主任又说："犯错误了就应该有勇气改正错误，我要看你以后的表现。"

感悟：老师不仅给学生传授知识，而且教学生学会做人，承担着传承中华民族传统美德的责任！

13. 不给他变坏的机会

下午5：30放学了，我留下了（5）班学生检测知识点。

忽然，（5）班的小树急匆匆走进来，眼睛瞪得大大的，急切地说："老师！我有急事呢，我得回家，这个检测我回家写，明天肯定交，但是科代表不让我回家！"说完，他望着我，期待我同意他的请求。

能同意吗？不想完成作业找的借口，谁相信呢？

我心里想：如果同意他的请求，影响就不好了。班里同学都知道他的学习态度有问题，如果是在撒谎，大家都会有意见的！

我严肃地说："去，听小杰的，写去！"但他还在我跟前执拗地站着，想要回家。

我平静地看着他，过了一会儿，他转身离开了。过了几分钟，他又过来了，手里拿着一张纸，在我眼前晃动着："老师，小杰还不让我回家！我都写完了，您看！"

我拿过来看，发现前边几行字写得乱七八糟的，后边倒是越写越好。这时候，小杰走进来，怒气冲冲地站在他身后，好像刚和小树吵过架。我明白了！

我心里暗暗佩服小杰认真、负责任的态度。

我对小树说："你应该感激小杰，她嫌你不认真，你如果认真了就会更加优秀。你去吧，按她的要求做！"

小树有些不服气，停了片刻，低下头，无奈地回教室去了！

又过了一会儿，小杰背着书包，笑眯眯地走过来，交给我一沓作业纸："老师，这是他们的作业，肖老师生气了，只剩下小树在重写！"我满怀感激，笑着说："知道了。谢谢你，你赶快回家吧。"

等我处理完（6）班的检测作业之后，已经是下午6点10分了，其他班里还有几个学生在讨论问题。我走进（5）班教室，空荡荡的教室里只有肖老师和小树。

走近小树同学，只见他右手正拿着两支一模一样的钢笔写字，两支笔一次写过就是两遍。他在讲桌底下的座位上，肖老师看不见他的手。

"你怎么能这样呢！让你重写你就想办法骗人！"听我这么一说，肖老师走下来，拿起他的作业看了看，夹在自己书里："不认真，继续写！"

"你看你写的字，像中国字吗？如果老祖宗看你写成这样，一定气得够呛！"肖老师风趣地说着。

小树拿起笔重新写，他这次写得整整齐齐，我马上夸赞他："原来你能写好啊，还写得这么工整秀气！你以前写的字就是放任自流的，没有规矩和约束，所以非常难看！做人也是这样，要遵守规矩。可怜肖老师这么热的天不能坐到办公室里喝茶休息，还得陪着你，你真得好好感恩肖老师。遇到这么负责任的老师是你的福气啊！"

肖老师依然陪着他。

我回到办公室整理作业的时候，小树平静地走进来，拿着作业让我看。他说："老师，真不好意思，让您久等了！我错了，下次我一定改正！"见他写得工工整整，我就让他回家了。

感悟：教师和家长认真负责的态度直接影响着孩子的发展变化。如果教师和家长很粗心，不会管理教育孩子，那么孩子在青春期可能会有许多变坏的机会。家长也要像肖老师一样陪伴着孩子，监督他的变化。

孩子在成长过程中会反复出错，这也是他感知的过程，老师和家长在管理中一定要立场坚定、坚持不懈！

14. 惩罚

这是期中考试后的第一周，成绩已经出来好几天了，任课老师带学生分别对成绩做了相应的分析，有的还谈了话，班里平静了许多。一些学生开始制订新的学习目标，并且规划了为实现新目标而采取的措施。但是对于一些学习习惯不好的学生来说，他们更容易放松对自己的要求。

午休后的第一节课，我随着预备铃声走进了教室，学生的状态并没有让我感到欣喜。只见一些学生的桌面没有整理好，其他书籍压在《道德与法治》教材上面；还有几个学生拿着《数学分层练习册》研究题目错误。

按照我定的规矩，如果课前准备做得不好，就要被点名批评。

被我点名批评的两个学生低着头，满脸懊悔。但其他同学的状态并没有因此而改变，他们仍然没有进入课堂状态。有些学生望着桌上的课本发呆，还有个别学生无缘无故地傻笑着，另有几个学生表现得心不在焉。虽然课件上出现了我要提问的几个问题，但他们装作看不见！

他们的状态使我生气！如同"残兵败将"的场面，更让我担忧！

我叫了几个神情恍惚的学生回答问题。第一个学生连书也不翻，只是低头用眼睛斜视着我，寻思着该怎么应付过去。第二个学生站起来东张西望，我重复了问题，他才慌忙翻书读出答案。

四个科代表也没有准备时政播报。他们面面相觑，低头承认错误并向我保证下次一定做好。

开始学习新课了，小明又一次因违反纪律而被我批评。小明是我和其他老师公认的学困生，前几节课的不良表现被我批评监督后有所改变，但改变是间断性的，上一节课非常好，而这一节课又在无数次小声说话，扰乱纪律，还狡辩说自己没有影响。

我要求他们在书上写重点，但有几个学生不写字。我远远看见窗边一个男生在空中比画着，我提醒了他，他才取出笔记本开始写。又有一个男生拿着笔像是在写字，走近细看，发现他拿着笔在左手指甲上乱画。我在他的桌子上拍了一下，他赶紧在本子上写起来。我扫视班里的学生，发现第四组也有不写字的，我一个一个指正。有的学生撒谎说自己没带笔记本，有的学生说笔记本掉到地上了，有的学生说写在了书上，各种各样的理由！

他们的学习习惯不好，学习状态时好时坏，遇到一点点困难就由着性子来，不遵守规则，老是给自己找理由，经常为自己极力狡辩。

他们意识不到学习是自己的事情，意识不到学习是要付出艰苦努力的，甚至在学习上耍小聪明，以为可以愚弄老师。

我惩罚所有被批评的同学写一份 200 字的反思，并把今天讲到的所有知识点抄写 2 遍。之所以让他们写反思，是为了让他们为自己的行为负责任，并付出时间代价，同时想引导他们深刻认识自己的错误，端正学习态度。

我检查完抄写，看着他们写的反思，并结合他们的表现，给每人写了一段话，勉励他们及时改正错误，珍惜学习的大好时光，把精力投入学习之中。

红笔写的评语异常醒目！我在课前点评的时候，也是一种鼓励、引导、鞭策的语气，惩罚充满了浓浓的仪式感。他们接受了惩罚，并保证以后更要努力。

这种惩罚是一种特别的"思想教育"，也深深地感染了他们。鼓励他们不气馁、树立信心；引导他们正确面对学习，端正学习态度；鞭策他们积极进取、及时改正。

感悟：没有惩罚的说教，有时候是苍白无力的，并不能产生良好效果。讲完道理，再给点惩罚，让孩子明白：犯错误就要承担责任，付出代价。

15. 被班主任谈话

因为语文测试，我的课被调到了下午第二节。

也许是由于收试卷晚了，我伴着铃声走进教室时，有的学生才慌慌张张从教室外边跑进来。桌面乱七八糟，要用的课件也没打开，学生还没安静下来，教室里乱糟糟的。以前定的规则全部抛到脑后了，纪律涣散，上课随意，轻狂无序，无视课堂管理。

按照事先准备的程序，我开始安排本课教学。第一个环节的"时政播报"员被我请下讲台，因为做时政播报的 4 个学生嘻嘻哈哈，态度极不严肃。

我点评"时政播报"时，否定了他们选的案例，并对细节做了发掘，提出了几点要求。

在这一过程中，小冯同学不屑一顾、玩世不恭的神情引起了我的注意。以前的他是一个比较理智、善于察言观色的学生。

我先是暗示他，后来又提醒他，他才有所收敛！

学生们渐渐进入状态，并被精彩的内容吸引了，课堂恢复了宁静，特别是一段让人感悟生命短暂的视频，使得学生们久久地沉浸在课堂的宁静气氛中，思索着。

记笔记时，我发现了小刘同学在敷衍，没有按要求记在笔记本上，所以我批评了他。就是因为批评，有几个学生开始附和接话茬，并且是此起彼伏。

教室里有些嘈杂，影响了其他学生的学习和思考，我针对这种情况再次做了批评。

我非常生气的是本节课已经多次强调课堂纪律，他们却仍然无所顾忌，一个简单的要求竟然都做不到！

课下，几个调皮的学生被我请到了办公室，接受批评教育。办公室里的其他老师也都在！我强调规则，分析了他们的行为对自己和班级其他同学的影响，讲清道理，引导他们改正错误！

任凭我如何说服教育，他们的表情依旧很木然。

学生的轻蔑和不认真被班主任看到了。很快，班主任和他们谈话了。下午放学前，我的桌子上放了3份非常整齐的检讨。学生认识问题比较全面，态度真诚，改进的方法也比较科学。

我对他们说，这3份检讨，我要保存到3年后的中考结束。一时的醒悟固然重要，而初中3年都必须认真对待。只有努力付出，才能有更大的收获！

感悟：在学习中，学生经常会违反课堂纪律，影响课堂学习气氛。"大错不犯，小错不断"，授课老师不可纵容，必须严格要求。班主任更要积极维护班级纪律，从细节之处做起，严厉批评，必须让学生敬畏纪律规则。

16. 讲道理、指方向

小刘因为不守纪律经常被同学批评指责，几个任课老师对他的学习状态也非常不满意。

小刘个头不高，圆脸，戴着眼镜，神情中显得稚气未脱。课堂上的小刘不像其他同学那样认真听讲，偶尔趴在课桌上，经常在不该说话的时候乱说话，打断我和同学们的思路，而且会接二连三这样做，导致课堂教学不能顺利进行。批评了他几次，也不见他改正，反而变本加厉，为所欲为，视纪律规则为无物。

这次，他又是上课歪坐在座位上，头趴在胳膊上，眯着眼睛，胡言乱语。由于违反课堂纪律，我不得不请他到办公室里单独谈话。

正好他的数学老师也来我们办公室了，当看见他在接受我的批评教育时，数学老师似乎已经忍无可忍了，一口气说了很多他在数学课堂上的不良表现。

数学老师非常气愤和不满。这时候的小刘低着头，满脸愧疚。

看着他的样子，觉得挺可怜的。一个十来岁的男孩子，做出了让老师和同学不能接受的事情。听完数学老师的唠叨，他清醒多了。也许他这时候才感受到了自己行为的糟糕，感悟到了老师的苦衷！

我又帮他分析了他的不良行为对自己的影响，引导他树立正确的应对方法。他很诚恳地接受了。

可是没过几天，他"旧病复发"，班主任请来了小刘的父母。父母端正地坐在办公室里静静聆听着，表情沉重而愧疚。

班主任说完之后，我走过去，找了小刘的很多优点说给他父母，甚至放大了小刘的优点。小刘的父母连连点头，心存希望，很感激。

小刘没想到，老师这么关注他，能看到他这么多的优点。他的内心被融化了，慢慢抬起头对我说："老师，我错了！"

"成长过程中都会犯错误的，你错在哪里？"我平静地说。

小刘把自己的不良表现都说了出来：不守纪律、影响老师上课、不听老师批评教育、没有及时改正错误……

"由于你的不良表现，你爸妈不得不停下工作来专门处理你的问题，而你要站在这里接受批评和惩罚，这都是你违反纪律应付出的代价。然而这只是对你精神上的小惩罚，如果你是成年人，违反了社会规则，不仅要受到更多精神上的惩罚，还要受到国家法律的制裁，受到暴力机关的制裁。'勿以善小而不为，勿以恶小而为之'，有些事情是绝对不能做的。你必须敬畏规则！"我语重心长地对他说。

小刘听完，对着我们深深鞠躬道谢。

感悟：十二三岁的学生思想不成熟，有时候很迷茫，虽然在观察社会和生活，但由于年龄小，对很多事情，他们并不会处理。所以在他们成长过程中，很有必要对他们摆事实、讲道理，指明方向。

一味地指责训斥，或者单一惩罚，有时候只能解决表面问题。

17. 如翠竹挺拔向上

周末，在七彩村屋的书桌旁，我想把教育感悟续写出来。题目怎么定呢？望着眼前一片翠竹，碧绿诱人，挺拔向上，生机勃勃，所以命名为《如翠竹挺拔向上》。

文中的这个孩子精致得如同翠竹，圆圆的脸庞，忽闪着一双又黑又亮的大眼睛，目光炯炯，开学初期就给我留下了深刻的印象：好动、语速快、有时候懒懒散散，偶尔还"挑衅"课堂规则。我观察他并分析他的表现。

有一次他回答问题错误，其他同学发出怪异的笑声嘲笑他，他也笑嘻嘻望着我，一点不胆怯，也不感到惭愧和内疚，他似乎没有形成正确的是非观念。但是，他的错误我不能视而不见。我讲解完问题之后立即要求他把正确答案写出来。

开始，他用眼睛斜视我，站立不动。我平静地望着他，僵持了片刻之后，他感觉到了老师的威严，拿出作业本开始书写。

写正确答案的目的是让他及时巩固知识点，也想看看他的态度。等我把他写的内容检查完之后，我有点惊喜。因为他的字迹工整，写得完全正确。我在班里立刻表扬了他。因为这时候，孩子需要鼓励，激发其斗志。

"小路同学这节课收获最大，把自己的错误纠正了，知错就改，值得表扬，这就是学习。而且及时纠错，是一种重要的学习方式，希望同学们像小路同学一样做到及时纠错，坚持下去，进步会更大！"

这节课，他听得非常认真，表现得很积极。

当天下午，我在家长微信群里表扬他们班的优秀作业之后，用PPT奖状模板专门给小路制作了一张奖状发到家长微信群里。

我写的是：小路同学积极认真，能及时纠错，特此表扬！希望大家向他学习！

家长微信群里掌声不断。红红的奖状也感动了他。

第二天上课，他认认真真听讲。课前提问，他的手举得高高的，示意我叫他回答问题。他回答问题声音洪亮、干脆利落，而且完全正确，收获了同学们热烈的掌声！后来，他更加积极主动、更加认真了。

接着，他经常从三楼来五楼我的办公室问我课堂要提问什么。有时候，我走到讲桌前时，他主动走过来告诉我他都会了，并让我在课堂上提问他。他的同桌也告诉我说，他现在非常喜欢上我的课，一到自习时间就复习这门学科。我为小路的积极和主动而高兴！

他变了，这是事实。

期中考试前各班同学都在紧张复习，为了迎接考试，我们备课组准备了2套选择题和1套期中模拟题，他总是第一时间做完并来问我要正确答案，便于自己纠错。我为他的改变而欣慰。

下午放学后，我处理完工作正准备回家时，我的手机响了："老师，我是小路，我把您今天发的试卷已经做完了，您能不能把答案发一下，我看看我的错误是什么并及时纠错……"

小路的学习积极性和主动性开始养成，只要能坚持下去，他一定会有更大的进步。这种品质的形成也正是教育的目的。

孩子的这些变化不是惊天动地的大事，在孩子一生的成长过程中，非常微不足道，但就是这些细节在改变他们、成就他们。

"用一只声音沙哑的破碗撞击，发出的都是沙哑的声音；用一只清脆悦耳的好碗撞击，发出的一定是美妙的声音。教育的美好首先让教育者保持最优秀的状态，照亮周围，感染四方，就像那只能发出清脆悦耳声音的好碗一样。"

感悟：不随便给学生贴标签，不用消极的词语刺激他们。而是用爱心呵护心灵，积极巧妙地引导、鼓励，让他们自然接受阳光雨露的滋润，健康成长。这样他们才能像翠竹一样挺拔向上，美丽诱人。

建议家长在和孩子相处的时候，少一些说教和唠叨，要真正做能触动心灵、唤醒孩子的事情，学会巧妙引导孩子、鼓励孩子朝着正确的道路迈进。

18. 做眼保健操

铃声响了，我走进教室。这节课前是要做眼保健操的。本来是班主任管理学生做眼保健操，但是因为我想了解这个班的情况，所以，铃声一响，班主任和我都出现在教室门口。

今天，我又是以甜美温和的声音组织课堂。

第二组第五排的一个女生刚刚从外边回到座位上，我满以为她坐下后就会迅速做眼保健操。但她让我失望了。

她看了我一眼后就开始整理桌面。学校每天只安排 2 次眼保健操，一到这个时间，学生必须放下所有事情去做眼保健操。这是学校的一项重要规定。

她依旧不做眼保健操。我走到她跟前，轻声说："请你放下手中的书本赶紧做眼保健操！"

但她仍然在整理书本。1 秒、2 秒、3 秒……20 秒，她仍然无动于衷。

我想，她心里是不是有什么怨气？情绪不好？有逆反心理？

我的心里闪过很多猜测。

我说："这是做眼保健操的时间，既然铃声响了，音乐开始了，就必须做眼保健操！"

只有短短 5 分钟时间，眼保健操音乐只放 1 次。但是，她坐在那里仍然不做眼保健操！满脸的抵触情绪。

下课后，我的学科代表和她一起来到我办公室。

我问她："你为什么不做眼保健操？"

她说："因为同桌没告诉我，他把我的《道德与法治》书从书包里取出来了。擅自从我书包里拿东西，让我很不安，需要跟同桌讲道理。"

我说："我并没有看见你跟同桌讲道理啊，那可是眼保健操时间，你觉得当时应该先做什么？"

她说："但我很生气，我觉得应该先跟同桌说清楚。"

我说："讲道理和做眼保健操是两码事。你同桌已经认真做眼保健操了，你在干什么呢？你浪费了做眼保健操的宝贵时间！你觉得你找这样的理由合适吗？"

我静静地望着她，希望她思考我说的话。她没出声。

过了一会儿，我又语重心长地说："想想，为了青少年的健康成长，学校专门安排了眼保健操时间，而你却顾此失彼，抓不住重点！"

她还是不出声。

我接着说："你难道不知道政教处安排'学生会'在这个时间检查各班的眼保健操纪律，要做登记的！"她点点头，态度开始转变。

我说："如果大家和你一样，这个时间都不做眼保健操而去处理自己的事情，那学校安排眼保健操还有什么意义呢？"她凝视着我，似乎在思考。

上课铃声响了，她离开了办公室。听说，回到教室后，她简直像变了一个人。先是主持班会，带领同学学习班级纪律规则，然后制定出量化考核制度，并和其他班干部一起监督落实。

现在她已经是班主任的得力助手，他们班的学习风气也大有改变，连续被评为优秀班集体。

感悟：从小学升入初中，学习环境变化了，同学们的经历、所接受的教育、储备的知识、形成的习惯都发生变化。所以他们分析问题、解决问题的能力也参差不齐。很多学生分不清主次、抓不住重点。十二三岁的初中生正在认识周围和社会，他们的是非标准正在形成，最需要思想上的关注和引导。

家长和老师应该经常对他们进行思想教育，帮助他们安排学习时间，让他们感悟、体会初中学习和生活，使他们形成正确的是非标准和价值观念。同学们思想上有标准、有原则，行动上就有了目标和方向。

19. 不愿意改变的孩子

　　雨下了一个晚上，上午 10 点多了，还是一直下。学生不能外出做午操，所以第三节课提前 10 分钟上。我准时出现在教室门口。

　　这个班的学生利用课间疯狂地喊着、叫着、你拉我拽，好像没有听到上课铃声，也没看见老师的出现。

　　我站在门口组织学生："安静！请迅速回到座位上，准备上课！"

　　他们终于回到了座位上，但是似乎把上课要求忘得干干净净。我需要再次强调要求。他们班的学生也不像前几节课那样安静了，根本没有那种积极主动的学习状态。

　　在这样的氛围中，一些意志力差的学生，纪律观念就有了变化。有几个以前表现很认真的学生也变得散漫了，翻书和记笔记的动作缓慢，不遵守我的要求！

　　我很担心课堂时间被浪费掉。所以我调整了课堂安排，先播放了视频，视频描述的是贫困山区孩子渴望上学的事情：破烂的校舍，难以下咽的饭菜，衣衫褴褛，食不果腹，带着干粮，做着农活，背着弟弟妹妹去上学；寒冷的冬天，冻得哆哆嗦嗦，一个小小的铅笔头都舍不得扔掉；蹚过湍急的河水，爬过高高的云梯，才能到达学校；收到学习用品时的喜悦、渴求知识的眼光……

　　教室很快安静了下来，他们静静地看着，神情凝重。

　　他们这样谈感受：看到贫困山区孩子的求学过程，感到自己真是太幸福了，自己的学习条件这么好，更应该珍惜眼前的一切，努力学习！

我接着说："看到他们的生活条件和学习的艰辛，你有资格浪费粮食吗？你拥有的一切都是父母给予的，你有资格和别人攀比名牌儿吗？你能不孝敬父母吗？"

我导入了新课。课堂活动一个接一个进行着。只有第一组第三排的女生不慌不忙地摆弄着自己的钢笔，我示意她迅速停下并参与学习活动，但是她就像没听到一样，丝毫不在意！她把手中的4支笔一支一支放进文具盒，再把文具盒的拉链拉上，然后又拉开拉链，一支一支取出来，重复着同样的动作。

这种现象如果不提醒注意，这个学生就会更加自由散漫、没有规则，以后就更难管理了！

我对这种现象做了批评，并提醒学生端正自己的听课行为，不要再违反纪律规则。

但她根本没有认识到自己的错误，眼睛里是不满和挑衅！

下课前，我又对这个班的情况做了批评和指导，以规范他们的行为。临走时，我叫住了这个同学，对其进行批评谈话。

说她的时候，她就开始反驳："我以前都是这个习惯，课前把我要用的笔整理好才停下，我就是这个习惯！"她一脸的不服气！

虽然着急，但是我抑制住自己的情绪，说："你把笔拿出来做什么呢？"

她说："准备这一节课用啊！"

我说："这一节课还没用呢，怎么就接着装进去？并且我都提醒你了，你还要一支一支放进去，你到底怎么回事？"

她依旧说自己以前都是这样，没收拾好就不松手。

我说："你那样做就会分散你的听课注意力，不利于你学习！"

她说："这是我的习惯，我改不了！"

我说："你以前的习惯已经影响你的学习了，你还要坚持不改吗？"

"我就是这样的。"她不耐烦地说。

……

铃声响了，我要去另一个班上课，刚好看见班主任路过，我叫住了班主任简单说了情况。

班主任劝我不要生气。

我赶紧下楼准备去另一个班上课了。

放学后我立即去了他们班，想找她谈话，但她不在。午自习找她，她仍然没在。去了好几次都没找到她，班主任不让我找她了，说让孩子到我办公室来见我。

下午最后一节课，我在办公室里批阅他们的课堂练习，她来了。问了名字，看了分数，她是零分。

她说她答出了两道题目，等找到她的试卷一看，原来她没有写姓名。

"没写姓名的全部记零分，我在课堂里说过的！"她低下头，很无奈！

我说："一朵花，最初是一个嫩芽，然后是一个花蕾，再慢慢长大，最后盛开成一朵美丽的花，散发着香气，赏心悦目，煞是可爱！我们都喜欢。花儿从萌芽到绽放，就是一个不断变化的过程，你说不变化怎么能盛开呢？这种变化是非常关键的啊！人的不断改变，就是为了变得更加优秀，你说是不是？"

我笑着看着她："你还要维护你以前的习惯而不改正吗？以前的这些习惯在影响、制约着你的发展。"

孩子听得很认真，终于低下头说："老师，我错了。我以后认真改正，按您的要求做！"

她已经认识到自己的错误并且要改正错误了，就没必要再批评孩子了。我鼓励孩子，并询问还有什么学习中的困惑需要老师帮助。

她也诚恳地说了自己的困惑。我针对她的困惑做出了决定，每天上完课把知识点发到班级微信群里，便于他们及时整理复习，有了完整准确的知识点，就不至于出现知识上的错误。

我还给她讲了学习这门学科的方法和技巧，鼓励她在实践中改进。

孩子走的时候，脸上洋溢着幸福的笑容。

感悟：遇到学生反反复复违反纪律，绝对不可纵容。应该耐心讲道理，借助身边事情帮助学生认识问题，引导他们做出正确判断，在实践中改进。如果抱怨孩子难管理，那一定是我们方法有问题，如同下药不对症，那是医生不高明。

家长和老师应该走进孩子内心，观察、思考孩子的状况，科学引导孩子。

20. 我们都笑了

课间休息时间，我一边喝水，一边反思课堂教学。

一个叫小天的男生走过来轻声说："老师，我今天忘记带书了。"我看着他诚恳的样子，轻轻地说："你去找其他班同学借一本书先上课吧。"他又说："我借了，但没借到！"然后静静地看着我。

这时又进来一个学生，我大声对刚进来的同学说："小杰，你去帮他找（2）班的小梅同学借一本《道德与法治》书，就说我让借的，下课还给小梅。"因为（2）班刚刚上完道法课，小梅又是（2）班的道法学科代表。

这个小杰是个积极阳光、机智灵活的学生。

他说："老师，好的，保证完成任务！"说着，便拉着小天出去了。

我拿起水杯喝了几口水，润润嗓子调整了一下，拿起教本走出了办公室准备上课，看见他俩又站在了（1）班门口。

我提醒他们："如果没借到，就先回教室上课吧，和同桌合看一本书。"

小杰走过来说："老师，我认识（1）班的学霸小丹，我已经说了，他现在去给我拿书了。"

我点点头说："那快点哦，要准备上课了！"

下午，我上完课写教学反思时，忽然想到了小天。课间休息时，我去教室里找到小天对他说："小杰帮你借了书，你说了什么吗？"

小天诧异地看着我说:"没有。"

我说:"你应该真诚感谢小杰啊,他帮了你,要向他表示真诚的感谢哦。"小天点点头。

我说:"想想,小杰能借到书,而你却没有借到,为什么呢?"

小天是个不善言谈的男孩,他不说话,呆呆地看着我。

"小杰人缘好,善于和同学沟通,人际交往能力比你强,你说是不是呢?"我一边说,一边打量着小天。

小天低下了头,我说:"你要不要学习小杰呢?"小天想了想,点点头。他本来就不自信,听我帮他分析之后又是一脸的自卑,愧疚地望着我。

接着,我又说:"但是你今天也做得很好,遇到了问题能主动找老师帮忙解决问题,这点做得好,值得表扬!就要这样,遇到问题就要想办法解决问题,不能消极对待。"

我拍了拍小天的肩膀,又笑着对他说:"说说你现在的想法吧。"

愣了一会儿,小天慢慢说道:"首先我要去感谢小杰,因为他帮我借书了;其次我应该学习小杰主动和同学交流,提升自己的人际交往能力,就像今天这样,遇到问题,向老师求助,及时解决问题。"

他说完,我笑了,小天也笑了。

感悟:"教育的本质意味着,一棵树摇动另一棵树,一朵云推动另一朵云,一个灵魂唤醒另一个灵魂。"初中教育不是一味追求考试分数,而是要激发学生思考,帮助学生学会分析问题、解决问题。

直白地说给他听,不如借助他身边的事情,巧妙地激发他的感悟和体会。

21. 迷恋游戏

同桌向老师告状,说小石上课偷偷玩游戏,已经刷去他爸爸的银行卡近万元了。除了打游戏，小石还经常沉迷于课外书。这些课外书曾经被班主任发现，班主任批评教育了小石，不允许小石再将这些书带进学校。而小石竟然怂恿同学帮他带，并且每次给同学 100 元。

班主任一直在帮助小石同学改正错误，和小石谈了好几次，但还是不见成效。

前天小石站在办公室门口时的那种迷茫恍惚的眼神，至今还在我的脑海里徘徊。作业纠错也不及时，这次课堂测验只得了 70 分。但他不是笨孩子，学习成绩可以更好些。校长也说了，小石曾经是班里的前三名，但是因为迷上玩游戏导致成绩不断下滑。同学也不愿意和他交往了。

班主任打电话约来了家长沟通。家长听说已经花去近万元以后，虽然大吃一惊，但还是不停地为孩子辩驳："孩子没有看课外书，没有打游戏啊。"

班主任叫来了班里学生，让他们亲自给家长说。家长无话可说了！

家长很无助地望着班主任。班主任问孩子以前的情况。家长说孩子是因为小升初考前在补课班里结识了一个玩游戏的同学，所以迷上了玩游戏，学习行为渐渐变了！

孩子不理解家长和班主任的良苦用心，如今被不健康的课外书、网络游戏折磨得神情恍惚、思想消极、学习成绩下降，竟然还执迷不悟！

怎么办呢？

班主任和家长谈了很久，结束的时候，我叫住了他们。

我让孩子写出不良表现，分析这些不良表现对自己、对班级的影响；写清楚自己今后的改进方法以及如何向家长保证今后不再犯这样的错误，并请求家长监督，及时和老师沟通。

感悟：孩子不仅要认识错误，还应该培养敬畏之心，敬畏父母！教育改变孩子特别要注意细节，每一个步骤都要目的明确、有针对性。重写检讨书，是为了端正态度，不让他心存侥幸，不能有丝毫妥协，有错误必须改正。

坚定的立场和果断的要求，让他从心灵深处有所震撼！

22.缺乏自信心的孩子

别人读书他乱翻，别人发言他乱喊，别人写字他玩笔，别人思考他发呆……他慢慢进入了我的视线。

这一节又是我的课，在课堂上，我纠正学生的错误，引导学生思考探究。他偏偏在教室里自由发言，放大同学的错误。我对他旁敲侧击、巧妙引导，他却瞪着眼睛做鬼脸。是没有纪律性吗？是不会听话和思考吗？是故意捣乱吗？为了给其他学生赢得学习时间，我让班主任先领他去办公室。教室里终于安静了，教学活动继续进行。

上完课，我和他谈话。他有些神情恍惚，讲道理时，他两眼愣愣地看着我，我问他简单问题，他笑着看我。我就纳闷儿了，难道这个孩子思维有问题？到了吃饭时间，我示意他吃饭去，他和我礼貌告别。

我和他的班主任在同一个办公室，我问了班主任这个孩子学习其他课、在其他课堂上的表现，班主任说："很差啦！话都说不到一块儿。"我有些失望，更觉得可惜！

几天后，我又给他们班上课，其他学生精神饱满、端端正正坐着听讲。他仍旧是半靠在座位上，别人读书他乱翻、别人发言他乱喊、别人写字他玩笔、别人思考他发呆。他为什么和别的孩子格格不入呢？是不自信，刷存在感吗？

学校组织体操比赛，要求部分教师和家长共同组成一个表演方阵。我荣幸地成为方阵中的一员。但是由于平时的大部分时间都用在了教学工作中，学习武术操只能挤出时间。因此，我做武术操很不熟练。

为了让学生端正"不耻下问"的积极学习态度，我利用课间找学生帮我纠正错误动作。

午饭后，他和另一个同学走过来了，我叫住他俩给我指导。另一个同学立即给我示范，我开始了练习，他纠正我的动作："老师，错了，应该这样打！"他一边说，一边做操。他做得完全正确啊！我沉重的心情轻松了很多，但是他有些不自信，眼神是飘忽的。

我想，他是因为不自信，所以才出现了格格不入、违反纪律的现象。

他的不自信是怎么形成的？是因为一次次失败的打击，还是遇到过爸妈无数次的呵斥和陌生人的欺侮呢？

感悟：孩子缺少自信，老师和家长应该多方面帮助孩子树立自信心。

在家里，多多引导鼓励孩子做力所能及的家务，夸赞孩子的认真、细心、勤劳、心灵手巧等品质。经常得到夸赞的孩子，潜意识里自己就是一个认真、细心、勤劳、心灵手巧的孩子，遇到事情就不会慌慌张张、胆小懦弱。

在学校里，安排他承担卫生委员、学科代表等职务，通过参与班级建设，培养他的责任感和主人翁精神。

慢慢地，他就会大胆和同学们交流，共同成长，成为有自信心的人。

23. 小女孩的麻烦事

早上调整课件的时候，办公室来了一个学生家长。班主任跟家长说，需要家长监督、提醒孩子做作业、带作业本等。

班主任出去处理班务了，临走时她说："牛老师，这是我们班小方的家长，你给他说说孩子的情况。"

我心里回想着这个学生的表现。在开学的前两个礼拜里，小方上课不带课本，不记笔记，缺少学习积极性。

我招呼家长坐下后说："您的孩子看起来挺乖巧的，但是学习习惯确实有点问题，需要您配合教育。"家长静静地听着。

我又说："我刚刚查笔记，发现她是用两个本子完成的，其中一个本子上记着各科作业。在开学第一节课，我针对这种情况专门规定：只能用专门的笔记本记，因为后边复习还要用呢！而她恰恰没有按要求做好，可见这个孩子逆反，不会管理自己学习。"

我观察着家长的表情，一会儿平静，一会儿紧张。为了缓和气氛，我说："也不奇怪，这个年龄段，有些孩子心智发育还不成熟，需要家长提醒和监督，慢慢会好起来的。"

家长低下头，愧疚地说："我是真的没想到这些……"边说边叹气。

"孩子到了新的环境里，或许对什么都好奇，有的就有些不知所措了。这时候就需要家长帮助孩子适应学习环境。请您在家里每天提醒她做作业，按照课表预习第二天的课，然后提醒她把第二天要用的课本放到书包里。同时，您在提醒她的时候，还要注意培养她自立、自主的习惯。自己的事情自己做，自己对自己负责任。您可以问问她，今天什么事情做得好，什么事情做得不好，让她自己对自己做评价，然后提醒她纠正不良习惯，鼓励她做得更好！孩子有时候是很迷茫的，需要家长引导。"

家长认真地点点头。

我说："有的孩子只是个头长高了，其实思想并没成熟，还需要家长引导和陪伴很长时间的。"

家长激动地站起来，握着我的手，真诚地向我致谢！

"您在家里引导孩子、鼓励孩子，帮助她树立自信心。有什么需要我们在学校里帮助的，您就提出来。当然，我们对于每一个孩子都会耐心帮助，不会放弃任何一个孩子。您提醒她做，我们肯定会表扬孩子做得好的地方，帮助孩子树立信心。而孩子做不好，就会很自卑，可能会遭到其他学生的嘲笑。慢慢地，心理发育受到阻碍，会对孩子的性格形成造成影响！咱们一起努力，帮助孩子吧！"我激动地说着。

家长点头答应："是，我一定要提醒她！"

最后我叮嘱家长："孩子是家庭的希望，必须有一个家长专门陪孩子成长，现在的独生子女，心里很孤独，容易出事啊……"

家长走了以后，班主任又告诉我说，这个孩子周末作业没做，说是因为试卷丢了。

想想，试卷丢了该怎么办呢？这反映的是孩子对待问题、处理问题的态度。学习不认真的孩子就会以此为借口而不做作业了。学习认真的孩子则会想办法解决问题。比如，重新向老师要试卷，或者借同学试卷复印等，想办法完成作业。这时候，如果家长能配合老师重视这种问题，采取负责任、解决问题的态度，那肯定会帮孩子处理好。家长绝对不能撒手不管，家长的作用是很关键的。

感悟：老师和家长应该携起手来共同努力。教育孩子一定要按老师的要求做。家长既要提醒和监督孩子，也要鼓励孩子，帮助孩子树立自信心；遇到问题，鼓励孩子自己解决问题，引导孩子提高自己分析问题、解决问题的能力。

倘若家长一直忙自己的事情，觉得孩子上初中了，已经长大了，自然会管理自己学习了，那就错了。

24. 单亲妈妈和女儿

因为雾霾，郁闷的心情天天笼罩着人们的生活。但还有比雾霾更让人郁闷的事情：单亲妈妈和女儿的麻烦事。

因为做课题，也因为"帮扶"，让我有机会认识了这个女孩子。第一次见她，被她的睿智、健谈、善解人意所折服。沟通很顺畅，当时我感觉这个女孩子没什么问题。

期中考试之后需要对孩子做情绪疏导，我见了班主任。班主任说，她又不来学校了，因为"旧病复发"了。

我拨通了单亲妈妈的电话。当天下午，妈妈一瘸一拐地，被一个中年男子搀扶着来到了我的办公室。妈妈很文静，是位大学老师，说话柔声细气，一脸笑容，很有亲和力。看着她走路艰难的样子，我的内心有丝丝痛楚："可以电话沟通，真不知道您走路困难。"妈妈连忙说："没事，为了孩子，我应该来见见老师。"

我请妈妈讲了几件对孩子有影响的事情。原来，孩子爸爸在孩子上小学一年级时突然发现肝癌晚期！爸爸看着自己的日子不多了，从繁忙的工作中走出来，把自己的爱全部给了孩子。天天和爸爸形影不离、天天在爸爸浓浓的关爱下成长的女孩子，对生活充满了憧憬，充满了幻想。

她无法接受这个噩耗！

爸爸去世后，孩子和妈妈、姥姥一起生活。爷爷、奶奶、姑姑偶尔来看望孩子。他们给孩子送来很多礼物，也给了孩子很多关爱。

爷爷、奶奶、姑姑不让妈妈给孩子报班补课，不让妈妈对孩子严格管教，小小年纪的孩子突然觉得这个妈妈原来不爱她，只有爷爷、奶奶、姑姑才是爱她的。

爸爸的去世对妈妈影响也很大。家里的顶梁柱走了，从此她没有了依靠。看着可怜的女儿，妈妈天天抹眼泪，而且一度受到爸爸的几个生前朋友的指责。妈妈说自己很惶恐、很无奈、很无力。

听说孩子平时爱看科幻类、侦探类书籍。孩子非常有个性，也比较有主见。根据班主任的描述，当前这个孩子的问题是：和妈妈一直对立，三天两头旷课。有几次妈妈送她到了学校门口，她还是不进学校，情绪很激动。尽管老师都很喜欢她，也经常表扬她，但她就是不愿意来学校。

我和妈妈谈了很多。劝说妈妈一定想办法让孩子赶紧到学校来。妈妈高兴地回家了，但是第二天，妈妈打来了电话，说孩子不来学校了。

我让妈妈把电话给孩子，但孩子一句话也不说。听到我为她规划未来，就把身边的书全部扔了出去。我的心情也因此很郁闷。但我们没有放弃她，我们学科老师和学校政教处干事一起研究她的状况。

我们试图通过改变她的生活环境，唤醒孩子的心灵。请班里同学陪伴在她身边，和她一起面对学习和生活，给予她满满的关爱和帮助，使她从内心深处接纳同学。同学们陪伴一段时间后，她的情绪终于有所好转。

接着，我们又鼓励她参加班级建设，积极出谋划策管理班级，思考如何杜绝抄袭作业、如何培养认真细心的学习品质、如何激发同学们的探究意识等，和同学们一起探究实践。她终于和同学们形影不离，精神充实，快乐健康地生活。

坚持了一个学期，这个孩子完全改变了，终于从那段黑暗的日子里走出来，还学会了照顾妈妈，学会了处理和爷爷、奶奶、姑姑的关系。如今，她在健康成长着。

感悟：情感问题，就要从情感深处入手。对异性的依赖、对亲人的依赖、形成的不良嗜好等，都会影响孩子的认知和判断，影响孩子身心健康和学习。通常先要端正孩子的思想态度，帮助孩子建立正确的是非观念和价值标准；改变孩子原有的生活环境，帮助孩子在新的环境里重新建立认知；引导孩子形成新的关注点，培养孩子多种高雅生活情趣，使孩子全身心投入新的事物之中并坚持下去。

25. 如此学生

听说小军小时候患过脑膜炎，所以说话缓慢，声音怪异，活动时动作不协调，在班里格格不入。起初老师和同学们理解他、同情他，并乐于帮助他。但是他经常违反课堂纪律，和老师顶嘴，甚至大喊大叫，有时候还哗众取宠，同学们便开始厌恶他。因此，他经常被老师叫到办公室里批评教育。家长偶尔也被请来谈话，但每次都是他妈妈抹着眼泪哭诉自己的委屈，爸爸在旁边一言不发，坐着生闷气。今天，他在我的课堂上违反纪律，影响了课堂秩序。

我走过去批评制止，他知道自己错了，赶紧纠正错误，很快安静下来。当我扭身走过时，小军却用怪异的声音喊了一声，安静的教室顿时爆炸，课堂纪律一塌糊涂。

我火冒三丈，脑海里很快飘过无数个解决方法。

"冲动是魔鬼。"我抑制住心情，随手拿起板擦狠狠地在讲桌上拍了一下，想震慑住学生，也想表达我的不满情绪。

其他同学顿时鸦雀无声，而他却嬉皮笑脸，不以为意，得意地望着我！

我不能因此耽误其他同学学习，立刻叫来班主任，先领他到办公室做思想工作，我继续上课。课堂里又恢复了安静。

下了课，我去找他谈话。他强词夺理，歪曲事实，胡说一气。

我要解决问题，而他根本不配合，大声喊叫，一副"小霸王"的样子，吵得其他老师无法备课。

孩子为什么会无视老师？这种情形需要家长配合。我请班主任给家长打了电话。等了30多分钟，家长来了，在家长的监督下，孩子承认了错误。他妈妈一脸愧疚，向我道歉。妈妈还说：孩子在家里根本不听她的话。爸爸经常哄着孩子、顺着孩子；喝水得让妈妈亲自端过去，不想吃妈妈做的晚饭，给爸爸打一个电话就给买回来。爸爸和妈妈经常因为教育孩子而吵架甚至摔东西。因为孩子，家里一直不安宁！

父母的言行习惯会影响自己的孩子，导致孩子思想和习惯不好，但老师们不想放弃他。批评和教育他，是想让他改正错误，希望他能和其他孩子一样踏上辉煌的人生之路。

我对孩子说："学校里老师们批评教育你，是想帮你改正不良习气，希望你做一个守规矩的人。如果走上社会，你违反了规则，国家法律会制裁你，暴力机关会惩罚你，人脉没用，法不容情。"

看着可怜的妈妈，我对孩子说："你妈妈能来学校，说明她想挽救你，她很爱你。虽然你给她带来了很多的麻烦，但是她依旧爱护你，一次又一次帮助你，你会感恩吗？"他点点头。

我又说："感恩妈妈，就要帮妈妈做力所能及的家务事，比如洗碗、扫地、擦桌子，洗你的鞋、袜子，要遵守社会规则，遵守国家法律，绝对不能做违法犯罪的事情，不能违反交通规则、破坏社会秩序、寻衅闹事、破坏公共设施等。感恩妈妈，就要考出优异成绩，让妈妈心情愉悦！假如因为你表现好，老师给你妈妈打电话夸赞你，你妈妈肯定非常高兴！"

我一边叙说，一边观察他的反应。其实很多东西他并不懂。

我问他看不看名人伟人传记类书籍，为什么不学习名人伟人的优秀品质。他惭愧地低下头。我又说："是不是觉得做一个混混、做一个坏人，就没人敢惹你？……其实你错了，这个社会是一个充满正义的社会，凡是非正义的事情都要被消灭和扼杀的！你必须学好！"

说完，我让他写反思，反思自己不对的地方，并写出改正的措施，写写自己如何感恩父母、如何感恩老师、如何和同学们友好相处，等等。

感悟：小军不是智力有问题，而是思想有问题。他不是一个笨人，如果教育不当，他可能会成长为一个对社会有危害的人。父母不能溺爱孩子，要激发孩子的敬畏之心。敬畏父母，敬畏规则。

十二三岁的孩子不懂的事情很多，需要父母和老师讲清楚该做什么、不该做什么。父母和老师应该教给他们是非标准，让他们学会分析和判断。

26. 教育智慧

办公室里静悄悄的，我正在备课，忽然听到班主任严厉地和学生谈话："给，这是手机，你给你妈妈打电话说清楚！"

我随着声音转过头看，孩子迅速接过快要从班主任手里滑下来的手机，准备拨号。班主任急匆匆抱着一沓作业本往教室走。这个男生正是昨天被妈妈在办公室严厉批评的那个孩子。

小男孩一脸沮丧，非常不情愿地拨号码，我很疑惑地问："怎么回事啊？昨天你妈妈刚来，今天是因为什么呢？"

我这么一问，孩子压抑的内心被触动了，一张嘴就哭出声音了，委屈地说："我昨天没做完作业，是因为我回家时把这个试卷忘到学校里了，我回家发现了，我给我妈妈说了。我妈知道，让我今天做完交给老师。"他抽泣着，用手抹着眼泪。

我给他抽了一张纸擦眼泪，接着说："你已经长大了，要学会分析问题和解决问题。你跟你妈妈说了，但是作业还是没完成啊，你应该想办法做作业。想想，怎样做可以保证没带试卷也能做试卷上的习题呢？"

他想了想说："请同学或者老师把试卷拍照片发给我先做题。"

"对啊！如果家在学校附近，可以想办法到学校取试卷啊！如果当时回到家里发现没带试卷，也可以立即求助班主任。这些都是解决问题的办法，发现问题后立即解决问题才对。慢慢长大了，以后一定要记住去解决问题！"

他低下头，不哭了。我说："你觉得怎么做才是解决问题的最好办法？"他看看手机，想了一会儿，抬起头说："老师，我现在就赶紧做，10分钟内就做完了，我给老师交了去。即使打了电话，我妈妈10分钟也到不了学校，我还是赶紧做作业吧！"说着，就摊开试卷开始做。

孩子静静地做作业。刚好有几个班干部进来交作业，我示意班干部走过去检查他的作业，并帮助他解决难题。孩子们非常乐于助人，陪同这个孩子完成了作业。

我又问他："你班主任为什么很生气？你该怎么办？"

孩子惭愧地说："我的态度不好，没有正确解决问题。我要写一份反思，承认错误，保证以后不犯这样的错误了。"孩子拿了一张纸，开始认真地写反思。

感悟：我的目的达到了，既引导孩子改正了错误，完成了任务，也培养了他思考问题、解决问题的品质。十二三岁的孩子，处于懵懂的年龄，到了新环境，一切都很好奇，有时不知所措，难以适应。但不管晴天雨天，他们每天背着沉甸甸的书包，按时出现在校门口，然后昂首阔步走向教室；偶尔上台阶的时候还一步跨上三四个台阶，一股势不可当的气势……

老师不仅要传授知识，比知识更重要的是心灵的交流和精神的引导。教育需要智慧，我们要做好传承。

27. 制止冲突

这个孩子比较单纯，但是对知识的渴求十分强烈！上课时他总是静静地听讲，偶尔真诚点头，认真记笔记，积极参加活动。

有一次午自习时间，我从他们教室门口过，看到他在书写，他的同桌不知道因为什么有趣的事情兴奋地向他"进攻"，用拳头袭击他。他不得不停下作业，笑着看同桌，眼睛里似乎在哀求："请别影响我了！"当我看见他眼里那种柔和、友善的目光时，不自觉地对他心生同情。他的同桌却视若无睹。

男孩子往往因为一点点小事情而爆发"争斗"，有的甚至酿成大祸。

我走进教室，笑着问他的同桌："宝贝儿，你有什么高兴的事情，说出来和老师分享分享。"

他的同桌笑了，有点惭愧："嘿嘿嘿，没有，老师！"

我笑着说："你看你的同桌在很认真地做作业，不要影响他，好吧！"孩子的脸蛋微微泛起红晕。如果没有人制止，也许他们真的要"大打出手"。看到老师制止，他的同桌有些尴尬，冷静下来想了想，就停止了"进攻"。

感悟：不是简单提醒，而是严格管理。问题在萌芽状态时就应该解决。很多孩子也是见机行事，冲动时从不考虑后果。

关键时候，老师和家长必须明确告诉他：有些事情不能做。

28. 计算常出错

这个学生的班主任是新入职的数学老师。学生的家长平时非常忙，没有多少时间关注孩子的学习。

我找班主任询问情况。班主任很年轻，气质娴静，眼神清澈。她眨巴着眼睛惋惜地说："孩子计算老出错！这点比较麻烦！"

我和班主任工作节奏几乎相同。她早上到校也很早，在饭堂里吃饭时，我们又遇上了。我想了想说："计算出错，那得看看是没掌握知识呢还是粗心呢，能改正的！"班主任笑了。

我又说："有需要我帮助的你就支过来，我也来抓抓他！"

班主任说："不用了，我跟他妈妈说一下吧！"

我想了想说："好吧，先和家长说说！"

晚上回到家里，学生家长给我发了微信，很苦恼地告诉我，孩子计算老出错，而且出现叛逆，不和父母交流。父母问不出实情，无法帮助他。

第二天忙完我的工作，在最后一节课下课之前，我挤出时间去找班主任，也想和孩子谈一下。没见到班主任，但听其他老师说他们班里是自习课，我就走到他们教室门口观察了一会儿。

班里静悄悄的，学生们都在认真做试卷，似乎没有人知道我进班了。顺着同学手指的方向找到了他，他在认真做题。我轻轻告诉他，放学来我办公室。

他终于出现在我的办公室。背着书包望着我，神情温和。我把几件事情和他说了一遍。"你的状态很好，你们班的情况也很好，你很优秀，但是还得继续努力追求卓越！计算出错，需要你及时检查，反复检查，做完一道题就检查，杜绝错误！同时，要把所学的东西及时复习巩固，否则你很容易忘记。另外，千万不要把自己孤立起来，要积极和同学、老师、父母交流。"

孩子很谦和，边听边点头，眼睛亮亮的。

我送孩子出办公室，叮嘱他迅速回家，路上注意安全。

感悟：对于平常学习中类似的问题，提醒孩子、做好监督就好了。千万不可当作大事经常说起，那就和贴标签一样了。经常说起无形中会在心里有暗示，有些孩子会产生畏惧情绪。做好正面教育引导，使孩子情绪平和，健康成长。

29. 监督落实

在一次校内活动中，我认识了王弘。他们班自习很安静，学生学习状态很好。

我主动找班主任了解王弘的学习情况。班主任夸赞王弘性格开朗，乐于帮助同学，阳光积极，但是学习基础比较差，错题偏多。后来，我专门找王弘谈话，跟他说了减少错题的方法：细心认真，做过就查等等。王弘真诚地答应，保证不出错。

期末考试前的一个早上，在学校门口签到处，我又见到了班主任，她的表情很不自然，吞吞吐吐地说道："王弘最近很浮躁，还有错题，就连武术操也打得最差。"

我心里很着急，找了3次才找到他，静静地看着他，他红着脸，低下了头。我让他放学后背着书包到我办公室来聊聊。我看了他的《数学分层练习册》后，有些诧异，因为几乎每页都有红叉。

我让他每天来我办公室纠错。他辩驳说，他的问题是小问题，老师没必要兴师动众留下他。

第二天纠错时，他表现得很不耐烦。第三天干脆就不来了。

第四天放学，他又来了，一见我就说："老师，今天我的作业已经做过一大半，只剩几道题了，我马上做完！"说得很自信。

连着几天纠错，他进步很大。但个别问题还是因为粗心写错了。这个孩子的特点其实与大多数孩子的特点一样：眼高手低，心急气躁，看似聪明，但是成绩有待提高。

感悟：很多帮助孩子纠正错误的方法很科学、很有针对性，但落实得不一定好！我在纠正王弘的错误时，只是做好监督落实。

30. 女生电脑管理员

在我带的 6 个班里只有 1 名女生电脑管理员。她每次在上课前都把课件和鼠标笔帮我准备好，把鼠标笔放到我的手上才下座位。更让我感动的是，下课后，在我忙着给学生发奖品或解答问题的时候，她还会悄悄把 U 盘帮我从电脑上取下来，把鼠标笔退出来，都放进袋子里整理好再交给我，每次都是这样。这个动作在其他班里从没有过。所以，我对她的印象非常深刻，也很感激她。

考试前，我发现她对知识掌握得不牢固，专门给她讲了学习方法。原以为她没有学习困难，但是考试后，我傻眼了。她也没有了往日灿烂的笑容。听班主任说，她其他课的成绩也不好。

这么善良懂事、有情商的孩子怎么会这样呢？

我和班主任商量，把孩子的家长叫来说一下，帮帮孩子。

妈妈来了，和班主任谈了很久，临走前，家长走到了我跟前询问情况，我详细介绍了孩子的表现。当然，孩子的优点必须告诉家长。

妈妈听到了表扬孩子的话，很是欣慰和高兴。但是说到学习成绩时，她很着急。

我们告诉家长，七年级的各门学科都很简单，对于学生来说，学不好不是态度问题，而是方法不对。

其实，有些孩子学习成绩不好是因为自己比较懒惰，包括思想上的懒惰和行为上的懒惰。这不仅需要激发孩子的学习积极性、学习主动性，还需要监督孩子。在学校里，老师监督，在家里就需要家长监督。

孩子是家长的宝贝，当家长知道教育的奥秘之后，都愿意帮助孩子。

这名女生电脑管理员的妈妈很大气，知书达理，她没有责怪孩子，也没有埋怨孩子，而是从侧面点拨孩子应该怎么做。她也惭愧地说是因为自己以前对孩子关注得少，才导致这样。

经过交流，家长收获很多。家长明确了初中生的学习方法，特别是我们这个学科的学习方法。

几天过去了，女生电脑管理员变了，上课专注多了，和其他同学一样参与学习活动，课前提问也得了满分。我特意写了"光荣榜"发到了班级微信群里。

当我又给他们班上课时，她的脸上绽放着灿烂的笑容，也沉静多了，我和班主任都鼓励她。他们班主任也制定了量化考核制度，学生你追我赶给自己提分数，她也怕自己落后，所以在努力提升自己。

感悟：有些孩子个人素质不错，情商高，但是"表里不一"，偷懒现象严重，这就需要老师和家长配合起来监督孩子、鼓励孩子。家长可以和孩子一起制订学习复习计划，监督孩子按计划一步一步做好，并长期坚持。

31. 对待心存侥幸的孩子

（6）班的小池是我的学科代表，负责收作业等。但是，最近表现极差，默写和笔记"偷工减料"，回答问题连连出错，不完成作业的学生名单里竟然也有他的名字。我疑惑了！

这次又是作业极差，我要求重写，他竟然不写。我专门在教室里找到他，告诉他下午放学找我巩固知识点。他笑嘻嘻地答应着。

一般来说，他应该挤时间迅速记背重点，然后赶在放学之前解决问题。但是临近放学，他也没有找我。等我踏着放学铃声出现在他的教室门口时，他正准备回家。看见我突然出现，他"恍然大悟"，随后跟我到了办公室。

我只规定了 4 个问题，记住了才能回家。这时，有几个学生主动来找我背书了，背得很流畅，他们很认真，小池都看在眼里。时间持续了半个多小时，小池还没有找我背。我也很着急。

他确实是一个很聪明的孩子，我打量着他，他终于安静下来了，脸上没有了之前的轻狂和得意，一副无可奈何的样子，耷拉着小脸，认真背书。很快，他走到我跟前背完问题。

感悟：像小池这样的同学，脑子聪明，但是学习习惯不好，有时候抱有侥幸心理，钻空子偷懒，没有扎扎实实对待学习。这就需要老师严格要求。

可见，老师认真负责和一丝不苟的态度对孩子影响很大。

32. 激发斗志

批改完作业，我在办公室写教育心得。

"老师！"一个男孩子的声音传来。我抬起头，见小初背着书包站在旁边，他低着头情绪低落地叫我。

"你怎么来了？"我故意问他。

昨天课堂上他违反纪律被我批评之后，班主任也知道了，我们一直在关注他的变化。他先是不来见我，然后是偷着溜回家，被班主任批评之后，实在熬不过去了，才出现在我的办公室里。

听说，他被班主任叫过去谈了话。

"我昨天没有及时解决问题，偷偷跑回家了！"他低着头说。

"为什么不让你回家？"我启发着。

"因为我上课违反纪律，随便说话了！"他说。

"为什么上课说话我就罚你呢？"我问他。

"上课说话影响同学听课，也影响我自己学习，所以要接受惩罚！"
他知道自己错了。

我问他要昨天的作业，他竟然说自己忘带了。我望着他，气氛瞬间凝
固了！

就在这时，他们班的小佳同学向我汇报知识点。我和小初一起聆听。
小佳发挥得非常好。这一切，小初都看在眼里，他低下了头。

我让小初评价小佳。小初想了想说："知识点准确，层次清晰，分析
到位……"没想到小初评价得这么好！我笑着点点头。

我及时肯定和鼓励了小佳同学，也表扬了小初善于思考和总结、尊重
事实等品质。我对小初提出了课堂纪律要求和周末的复习要求，并鼓励小
初："你能做到吗？会不会让我瞧不起你啊！……"

小初果断说道："老师，我能做到的！"

感悟：处于青春期的男孩子自尊心很强，非常在意自己在别人
心目中的形象。恰当鼓励小初，能使他心情愉悦，并在他心花怒放
之时激励他，更能激发他的斗志，促使他做得更好。

33. 百花园里花不同

小图从小跟着爷爷奶奶一起生活，后来迷上网络，无心学习，在小学
四年级时，才被爸爸妈妈接到身边管理，但是似乎晚了！现在的小图上课

发呆，成绩不是很好。小图自己也很丧气，不想待在名校里，觉得自己不适合这里。

小图的同桌是一个有体育特长的帅气男生，除了上体育课，他从不吭声，见了老师就笑笑而已。

有一次，我看见小图桌子上摆着一本《道德与法治》辅导书。我夸赞了孩子，她朝我笑笑，眼睛亮晶晶的。在我的印象里，她不喜欢翻书，只是静静地坐在那里听，一下课就趴在桌子上。跳大绳比赛成绩最优秀，但文化课成绩并不好。

班里其他同学开玩笑说他们互相爱慕，关系暧昧。而他们自己说就是互相帮助，执意要做同桌。班主任把他俩安排在第四组的第一桌，他们从不违反纪律，天天努力，争取进步！

新入校的学生，由于来自不同学校、不同家庭，接受的教育和受父母影响的程度不一样，到了新环境，他们渐渐认识社会，经常表现得无拘无束。所以，需要家长和老师们对他们进行科学教育和引导，帮助他们遵守规则，建立正确的是非观念，形成正确的价值标准，并养成良好的学习习惯。同时，要激励他们不断努力，奋力开拓！

他们如同百花园里千姿百态的花朵一样，特点不同，但都是积极进取、向阳而生的。

感悟：用纪律规则约束他们的行为，让他们懂得什么事情该做、什么事情不该做，违反纪律规则、不正确的思想意识，应该及时制止或给予学生正确引导，激励他们自立自强、积极进取、克服困难，认真完成老师安排的任务。坚持不懈，肯定有很大进步！

34. 小恒妈妈的烦恼

小恒妈妈跟我说孩子学习状态不好，请我多多关注。

清早，我去教室里把小恒叫过来询问情况。他下午 6:30 左右到家，吃完饭就已经 7:30 左右了，而做作业占用三四个小时，晚上 11 点多才休息。如果这样，早上最迟 7 点起床，晚上休息时间只有七八个小时，而中学生科学睡眠时间应该是八九个小时。

如果长期这样，导致休息不充足，会影响孩子的身体健康。

孩子做作业时间过长，学习效率差。应该帮助他提升学习效率才对。

我给孩子讲了回家安排时间的要求，也讲了在学校里管理学习的方法，强调做事情不能磨磨蹭蹭，要斩钉截铁、干净利落。最后，叮嘱他下午放学回家之前到我办公室来，汇报他一天在学校里做的事情，以便我及时掌握情况，帮助他调整。

感悟：有些孩子做事情磨磨蹭蹭，做作业时也是这样，浪费很多时间。孩子为完成作业长期熬夜，休息不好，导致学习效率极低。

这样指导小恒是想对他学习生活中的不当之处给予纠正和指导。当然，仅凭谈话还不行，需要家长和老师继续监督、引导，提醒孩子。

35. 帮助孩子树立新目标

我一直关注的（3）班小铭同学在学习中出现很多问题，例如上课说闲话，桌面上乱七八糟，听课注意力不集中，不服从老师管理等，严重影响课堂纪律，影响教学活动。

我和班主任做了沟通之后，他变化很大。

这天，我轻轻走进（3）班，秩序非常好，我有些小感动！今天的课堂上，学生遵守纪律，安静听课，认真思考，注意力集中，互动积极，练习题准确率高。我引导学生轻松顺利完成了教学活动。

午饭时间，我在办公室里看书，传来一个响亮的声音："报告！"我急忙招呼学生进来。他直奔我的办公桌："老师，给您报纸！"我一看，正是小铭同学。

"谢谢你！怎么是你拿上来的，你和同学商量了吗？"

"老师，我和小佳主动给您拿上来的！"

我扭头往门口看，小佳同学正冲着我笑。小佳是一个认真、守纪律的同学。莫非是小佳在帮助他！

这个小铭是真的改变了吗？但是，他今天的表现，让我感动！

第二天早上，我走在楼梯上，后面冲上来一个同学："老师早！"声音洪亮，底气十足，充满了自信。我转身一看，又是小铭。好阳光的学生啊，我的心里不禁赞叹着！

小铭真的变了吗？我前后思索着。最近的课堂上，真的听不到他乱说话了，看不到他东张西望不专注听讲了，也看不到他和老师顶嘴了。

从开始指出他的缺点和不足，到帮助他认识到自己对其他同学的影响和危害，再到班主任对他的要求以及优秀学生小佳对他的引导和帮助，这一切唤醒了孩子的善良和守规矩意识，他已经有了新的目标，正在为实现他的新目标而努力呢！

小铭曾经是我关注的学困生，但是他真的变了。这些变化，是缘于我对他的批评教育、缘于班主任的鼓励引导、缘于小佳的帮助吗？

感悟：经过老师们的帮助，他已经树立了新的目标。这个时候，孩子需要更多关爱、引导和鼓励。

36. 在座位上哭的孩子

上课铃声响了，办公室外迅速安静了，一个学生敲门进了办公室："老师，王小婷在座位上哭，还拍打桌子，吵得大家不能上课。"

"怎么回事？"年轻的班主任张老师急促地问道，"她为什么哭？是谁惹她了吗？"

我也非常惊讶，放下手中正在批阅的作业，"会不会和小雨一样啊？"我担忧地说了一句。

小雨的班主任听到这句话，叹气道："哎，千万不要和小雨一样啊！"

小雨是一个心理上有些异常的女孩子，她爸妈说她有心理疾病。她发病的时候会一直哭，哭得非常伤心、非常难过，还不停地念叨"杀了它"。好像是掉进了一个万丈深渊，周围有很多毒虫猛兽要伤害她一样，看起来非常痛苦的样子。这时如果有人劝她，她会哭得更伤心。

但是每次当班主任叫来家长的时候，她就很快从那种情境里走了出来，恢复正常。经常这样，老师们都很头疼，给她讲快乐的事情，不刺激她的情绪。

王小婷的班主任张老师只有二十来岁，瘦高个子，白皙的脸庞，经常戴着一副眼镜，长长的披肩发，美丽优雅。听到学生汇报，她站起来，三步并作两步，飞一般出现在教室门口。

当王小婷站在办公室的时候，已经停止了哭泣，她一只手抹着眼睛，打量着张老师："老师，我认为我没有错误，是王军故意踢我，我没有惹他！"

谈话停下来了。也许班主任在思考刚才的过程。

我发现王小婷不是那种心理异常的孩子，她跟老师说话的态度也是高高在上，颐指气使，于是我开口："你还说你没有错误，你情绪表达的场合和方式有问题，上课了还在教室里哭喊，弄得大家不能上课，这是你表现出的严重问题。王军的错误不是影响大家上课啊！同学们反映问题没有指出王军，而是直接指出你影响到同学们上课！这难道不是你的问题？"

王小婷不说话了。

"王军课间踢了你，你应该有正确的处理方式，但不应上课了才哭哭啼啼拍桌子，影响大家上课啊！如果你有大局意识，你就应该忍一忍，先保证上课啊！"我这么说着，王小婷思考着。

班主任张老师说："同学们整天你拍我，我拍你，打打闹闹，就这点事情你都不会处理吗？今天打了，明天就又好成亲人了……"

由于不能耽误孩子上课，所以我们很快让王小婷回教室去了。

张老师跟我说："王小婷从小养尊处优，整天问她妈妈要名牌衣服、鞋子和学习用品等，她妈妈一个月的工资全给她买东西了，上次她妈妈来学校，都快苦恼死了！"

我心里琢磨着：这个女孩子真奇怪，小小年纪就知道追求名牌。孩子在物质上攀比、性格上骄纵，是跟家庭教育理念分不开的。

父母和老师不仅要引导孩子正确恰当地表达情绪，还应培养孩子朴实无华、自尊自信等优秀品质，教育孩子更应注重内在美。

感悟：学生来自不同的家庭，在这个年龄段里，经常会出现各种问题。有些家长总是抱怨学校教育方式不恰当，抱怨其他孩子有问题，导致自己的孩子爱慕虚荣、经常攀比。

我们是要求学生统一穿校服上学的，穿得都一样，怎么比？学校根本不给他们攀比的机会。

连父母都整天抱怨老师、抱怨学校，那么他的孩子怎么能接受老师和学校的管理教育呢？

37. 小王同学

办公室的年轻老师又在我耳边说："牛老师，（2）班的小王可喜欢您了！看，又来找您了……"

小王，13岁的小男孩，身高在1.75米以上，圆脸，大眼睛，喜欢笑，说话铿锵有力，从来不怯场，但偶尔会羞答答地红脸。

小王因为个头高一直坐在最后一排，但我上课时他都很认真，一直是聚精会神、积极思考、踊跃发言。有时候顾不上叫他发言，他会把手举得老高，红着脖子，甚至挤眉弄眼示意我叫他回答问题。在知识竞赛环节，他经常不由自主地从最后一排离开座位跑到前边抢答问题。

七年级的第二学期，班里重新调整班干部，他竞选上了我的学科代表，一下课就凑到我的办公桌前围着我说话。听班主任说，他不允许其他同学做我的学科代表，硬要自己做。

因为我的课在每个班级都由4名同学担任学科代表，我建议班主任再推选两三个同学协助他。但是，每一次都是他一个人积极承担工作，包括课前拿资料、做准备、收查作业、统计纠错等，他都很积极地落实，还及时反馈情况，并且想办法把这些事情做得有条不紊。

比如，午休时间宁可不休息也要把没按时交作业的名字勾画出来，很让我感动！

最近，听说他在其他老师的课堂上有不认真听课、扰乱课堂纪律的现象，刚刚入职的班主任批评了他但仍不见效果，和指导老师商量后决定叫家长了。

他的爸爸如约来到学校，尴尬地站在办公室等班主任。班主任叫来家长就是想寻求家长的帮助和支持，以便采取更好的方法调整孩子的状态。

我告诉家长，孩子很积极，但自律能力差，希望家长配合老师给孩子再做做思想工作，在家里做好监督，帮助孩子调整，以养成好习惯。

第二天我见到小王的时候，发现他沉重了很多，似乎有了心事，眼里有一丝忧郁。我并不希望给孩子的心灵留下创伤，所以我再次通过谈话的方式给予孩子更多的关怀，让孩子在改正问题的过程中了解老师的良苦用心。

感悟：家长在孩子成长过程中有着重要责任，家长和老师携手合作，能使教育效果更好一些。小王同学在某些学科的表现非常好，但是他不能一视同仁对待所有学科。这就要给他讲道理，做思想工作。同时，家长和老师要一起监督他的转变。这样才能有更好的效果。

38. 肚子疼的小姑娘

上课铃声响了，办公室里还有一个小姑娘，捂着肚子，低着头，轻轻呻吟。一个陌生女人无奈地站在旁边，又惊恐，又焦灼。

班主任从外边进来了，大声说："怎么办？回家呢还是去医院检查？"声音大得唯恐小姑娘听不见。

我诧异地走过去问："这是谁啊？您是谁的家长？"

家长望着我，支支吾吾不想说。

"啊，是她啊！"我笑了，就是双胞胎中的姐姐。

这俩双胞胎，长得一点都不像，性格更是千差万别。姐姐大园总是惹是生非，说谎骗人，不认真学习，经常和她爸爸妈妈吵架。大园爱告状，老说妹妹小园这也不对那也不对，说爸爸妈妈偏向小园，所有的错误她都会推给妹妹小园。

妹妹小园是一个乖巧懂事的小姑娘，踏实认真，不作假，不骗人，深受她爸爸妈妈喜爱。我们不止一次帮她俩解决纠纷，管了学习、生活，还得帮她们梳理关系。这对亲密的双胞胎还天天闹别扭！

这几天，姐姐大园无缘无故不来学校了，妈妈在家里做思想工作，3天了也没一点效果。最后妈妈在班主任的建议下，决定找学校政教处采取措施，比如停学、批评教育。大园一听就急了，开始说自己肚子疼，竟然闹到了学校里。

班主任故意说："不上学，停一天，我可以批准，两天三天的，只能找王校长，咱们去找王校长吧！"

姐姐大园忽然说话了："我肚子疼，昨天还呕吐了。"

妈妈说："昨天去医院查了，肠胃炎，已经吃药了，早上在家里不疼了啊！"

班主任对大园说："妈妈的事情很多，怎么办，我们不要浪费时间！

是去医院，还是在家休息？"

其实，我们都很明白了，是这个孩子在逃避上学，思想有问题。

班主任把家长叫到了办公室外，安排好了家长要和孩子交流的事情，又回到办公室征求孩子的意见。最后孩子执意要由妈妈带着去医院。

按照班主任的安排，先由妈妈对孩子进行教育。之后，班主任再和孩子交流。

感悟：学生在成长过程中会产生很多奇葩事情，不仅是学习知识，还有很多生活琐事。每件事情都要用心处理，不可粗心大意。同时需要班主任、家长和学校多管齐下，帮助学生成长。

39. 巧妙引导、鼓励

伴着悠扬的乐曲，我走进了教室。正是书法练习时间，我和班主任同时出现在教室里。班主任说完就出去了，紧接着是我的课。

教室里很快出现了"噼噼啪啪"的声音。原来，他们开始收拾书法练习册了。一些同学已经把书本文具拿了出来，进入了课前复习状态。

如此积极主动，我很欣慰。

上课铃声响了，我开始上课。一眼望去，他们精神抖擞，目光专注。而细细观察，我发现一个男生坐姿端正，悄悄地低着头写字。

我一边提问，一边向他走去，我看到一本数学练习册。他发现我关注他，嘴角动了一下，内心有所触动。惊慌失措的他万万没想到自己这样一瞬间的动作，竟然让牛老师发现了。

他顿时愣住了！我没有批评他，只是轻轻地帮他把数学练习册放到了书包里，继续提问。我所问的问题，在其他班里，学生都能正确回答出来，而在这个班里竟然有很多人答不出来。我引导复习，反复强调。

提问结束后，我检查了前一天的作业，也就是开学的第一次作业，有

6名同学没有写。我立即对他们进行简短而严厉的批评。随后，开始组织新课学习。

下课后，没写作业的6名同学被请到办公室里。询问原因，分析表现。对于他们的问题，我不敷衍、不懈怠，不同问题不同对待，肯定优点，提出问题，正确引导，并鼓励做好。

我分析是由于他们不重视、不认真、不刻苦，抱着一种"得过且过"或者"想试探老师"的不良思想导致的。

我给了他们认识错误的机会，他们都很真诚地在我面前保证补写作业并按时交作业。

感悟：对于他们的教育转化才刚刚开始。需要继续关注他们的态度，关注他们的学习行为。针对可能出现的"不认真""不重视""不刻苦"等问题，需要继续讲道理，端正其思想，提要求约束其行为，巧妙引导、鼓励。

他们应该和其他学生一样，有着极强的学习积极性和主动性，并且阳光向上，朝气蓬勃。

40. 爱心呵护

这节课下课铃声响起，只有个别学生完成任务，并按时交了课堂作业，大部分学生竟然没做完。我要求他们利用午自习做完后交给我。

说完要求，我继续观察着这个班的学生。因为是课间休息时间，他们有的很快离开了座位，有的还在安静地书写，有的拿着自己的作业交给我。过了一会儿，大多数同学完成了作业。同学们拿了音乐书往音乐教室走，我也离开了教室。

我刚回到办公室坐下，这个班的一个小组长拿了一沓儿作业交给我。我很诧异："做完了吗？没做完就继续做啊！"

他说："有的做完了，没做完的先交了再说……"

我有点生气地说："没做完要做完再交啊！"

看着学生无奈的样子，我又说："先放这里吧，午自习时过来，把没做完的找出来发给他们……"学生答应着走开了。

我也赶紧吃完午饭，几乎是跑着回到了五楼，迅速来到教室。首先我批评了作业不做完就交作业的现象，然后提醒他们纠正作业中的问题，逐一监督他们纠正。

对那些基础较弱的学生，我很耐心地讲解，温和地提示他们。在我的精心呵护下，他们充满了自信和喜悦。不到 10 分钟时间，他们纷纷把整齐规范的作业交到了我的手上。

我阅读完作业并做了点评：不是不会做，而是不认真。只要认真了，什么事情都能做好！

感悟："耐心讲解，温和提示"，看似不经意的付出，却吹开了孩子们心中的花朵。在关爱中，他们绽放；在信任中，他们成长。

他们的心灵深处，是积极向上的。这种品质是需要用心发掘、用爱呵护的。

41. 真情感染学生

复盘最近的教学情况，我感觉学生纪律整体上不错，只是个别学生思想有些松动，犯错误越来越频繁，听课和作业有些不认真。

我必须想办法解决这些问题。

我下午只有两节课。既要讲授新课内容，还要想办法解决问题。担心任务完不了，就设计同时进行。

在提问环节，有些同学不会回答问题。我顺便强调了学习方法和学习态度。

接着我举例说:"学习犹如爬山,你看着别人爬上去了,你不着急吗?难道你就眼睁睁看着别人比你强,自己甘愿落后吗?他们爬上去是竭尽全力上去的,你呢?老想停下来歇一歇,想舒服一会儿,这样下去,你肯定和他们的距离越来越大。比如,有的班的学生跑步喊号子声音洪亮,斗志昂扬。因为他们在竭尽全力地喊,每个人都使出了全身力气!你呢,站在队伍里,根本就不出力。喊号子时'只见嘴动不见声音',装作自己很卖力,其实不然,以为骗了别人,其实是自己骗了自己。抱着'做一天和尚撞一天钟'的态度,得过且过。还有的大错不犯小错不断。不认真的品质越长越深,这种坏品质和你形影不离。慢慢地,你就成了一个不认真的人。做事不努力,害怕把自己累着,每次别人能完成的任务,自己却做不好,别人做得很出色的事情,自己也做不好,别人越来越优秀,而自己和别人就这样拉开了差距。不是吗?作业有5个问题,你偏偏只整理4个;问题答案有4句话,你只写了2句话。你每次都少写几个问题,从不见你积极主动多写几个问题。你说你这样行吗?"

班里很安静,他们开始整理笔记了,有一个女生静静地坐在座位上。我走过去一看,她并没有写字,估计是没带作业本。以前遇到这种情况,我要求他们先把笔记记下来,课下再整理,不能浪费课堂时间。

我说:"假如你哪一天忘了带饭卡,你妈妈肯定会说先借同学的饭卡吃饭。她害怕你在学校里挨饿!"

我没有往下说,但班里一片安静。我想,学生肯定知道我接下来要说的内容。那个女同学很快取出了一张纸,很认真地写笔记了。

临近下课的时候,有两个同学已经写完了。我走过去检查,他们不仅写完了,而且写得很工整、认真。我当着全班同学说:"这两个同学能抓紧课堂上的分分秒秒学习,看书、理解、整理笔记。由于很认真,所以他们的表现非常好,做了你该做而没有做的事情。这就是他们和你的不同,也是学习成绩比你好的原因……"

感悟：教育不是"走样子"和"摆阔绰"，关键在于用心感动学生，用事例感染学生，只有朴实、真切，才能真正走进学生心灵深处。就像我在这个案例中引导学生一样，见机行事，借景抒情，达到教育目的。

42. 细心的小张老师

放学已经很久了，我办公室的小张老师还没回来，我终于忍不住问了一声："张老师呢？今天咋不见人了？"立刻有一个声音回答："在教室里和小宇谈话呢！"

在椅子上坐了 2 节课没活动、腰腿有些发困的我在站起来活动腿脚的同时，走到（2）班教室门口，看见空荡荡的教室后边坐着小张老师和小宇同学，促膝谈话已经近 1 个小时了。小张老师背对着门口，而小宇看见了我，表情很平和。

小张老师终于出来了，我迎上去问原因。

小张老师说："看小宇的状态不太好，最近闷闷不乐的，我留下小宇谈谈心。小宇的压力太大了，他害怕自己这次考试会退出前五名，神情忧郁，我做了心理疏导。"

小张老师又说："小宇也想为班级做事，他想竞选班长，还希望有 3 个同学一起来管理班级……"

"小宇严格要求自己、负责任、积极进取。"我禁不住夸赞小宇。

小张老师打断了我的夸赞，开心地说："学霸们也打架呢！我们班的学霸们经常为讨论问题，争论不休，于是就打一架来分胜负。战争就是这么爆发的！"说完，小张老师无奈地笑了。

我心里觉得很好笑，也为这些天真的孩子们高兴。他们那么执着、单纯、有个性！更为年轻的小张老师点赞，虽然入职时间不长，却如此敬业、细心、耐心，充满了工作热情，智慧地管理班级、教育学生。

感悟：小张老师善于发现学生思想上的问题并及时疏导，把问题尽量扼杀在萌芽中，这种爱生、敬业的品质值得点赞。那么，家长们也应该从中获得启发，用心观察自己的孩子，认真分析孩子的状态，适当地鼓励、引导孩子。

43. 向优秀看齐

学困生甲：课前准备做不好，非常邋遢，别人都进入学习状态了，他还在整理书包。嘴里不停地叨叨着，眼神飘忽不定。上课过程中，他不时地随意讲话，使得周围都变得乱糟糟的。

我批评了他，但是批评一遍不起作用，连续批评了好几遍。我声色俱厉并且承诺要严厉惩罚他，他才终于安静了。但是临到下课的时候，他又管不住自己了，又开始小声唠叨了。但在课堂上其他环节里，他竟然抢答正确！

我表情复杂，他却满不在乎，好像是习以为常的事情。其他同学也表情不一。

学困生乙：情绪低落，眼神游离。在别人复习看书的时候，他呆呆地坐在座位上。我暗示他看书学习，但好像效果极差。到提问环节，几个同学都回答正确。我叫他回答简单的问题，想借此表扬激励他努力学习，但他还是让我失望了。

很多孩子都存在这样的现象，他们大错不犯，但行为习惯和其他同学差异较大，成绩也常因此而下滑。

感悟：对于这样的学生，我通常都会认真分析他们的表现，有针对性地做专门辅导。除了辅导知识，更重要的是转变他们的思想态度，通过谈话使他们明确学习目的和学习的重要性，引导他们在正确时间做正确的事情；讲解遵守纪律的重要性，并鼓励他们学会管理自己，在合适的情境中恰当表达自己的情绪；学会向优秀看齐，自立自强，对自己负责任。

当然，这些要求不可能是一次谈话就可以搞定的，是需要老师们长期鼓励、教育的。

44. 接受监督

这个班的学生注意力难以集中，常有交头接耳、左顾右盼等现象，他们反应迟钝，翻书、写字都很缓慢。我总要在一个问题上强调多次，他们才能真正掌握，还经常有学生不按要求完成任务。

下午第一节是他们班的课，由于大部分学生入学时的成绩不是很理想，学习积极性也比较差，班主任悉心调整了2个月，学习纪律才有所转好，基本能养成较好的学习习惯。只有一个叫小姜的同学仍不改正。

在书法课练习时间，我走进教室，刚好班主任也在，我简单说明了情况：多数同学学习状态好，能认真思考，但是个别同学说闲话影响老师讲课，影响同学听讲，周围人都不愿意搭理他。

当让小姜离开座位的那一瞬间，他很诧异，表情有些难看。也许他没想到我会向班主任汇报这件事情。

听班主任说，有好几个老师指责他上课不守纪律，周围同学也很反感他。小姜眼睛瞪得大大的，一脸痛苦的神情，低着头不敢抬眼看老师。他也感觉到了班主任很生气。班主任说任由我罚他。

我轻轻走过去，温和地说："你有什么想法啊，如果合理，我就帮助你实现。"

他连连摇头。

看着他真诚的样子，我问他："你知道你的行为有错吗？"

他惭愧地说："影响我的学习，也影响同学学习……"

我说："那以后你怎么做？"

……

他保证以后要认真听讲，认真完成作业，遵守纪律。这是他主动要做到的。

我鼓励他对全班同学说出自己的想法，并接受同学们的监督。

他欣然答应。

感悟：对于一些学生，可以先让他感觉到老师已经非常重视他的问题，并针对他采取了必要措施。这样，他会有一种敬畏之心。接着，对他加强监督，循序渐进，帮助他改变坏习惯。

45. 爱发呆的男孩子

开学之初，替同事给这个班上了 3 周的课，我"帮扶"的男孩子正好在这个班里，他说还能记得我。

这个男孩子身高 1.8 米，身材略胖，白白净净，文质彬彬。

我与他谈了 2 次话，觉得他是个很可爱的男孩子。说话边想边说，声音不高，考虑问题挺周到，思想挺深刻，但也能感觉到他有些自暴自弃。

听说他每天做作业要用很长时间。

我建议他抓紧课堂学习时间，听明白，记准确，熟练掌握了，做作业就能提高速度。

说到科学利用午自习时间时，他说自己每天中午要回家吃饭，午自习时间是自己的休息时间，根本没时间学习。而晚上回到家都 6 点了，7 点可以吃晚饭，然后开始做作业，一般做到晚上 12 点，甚至凌晨 1 点，才能做完。

作业有那么多吗？班里其他同学晚上 9 点就做完作业了。

他说自己做得慢，因为爱发呆。

"发呆有什么好处呢？别发呆！"我笑着说。

他说："发呆可好了，想自己爱想的事情。"

我说："不，你得改正。你肯定在看喜欢的电影时不发呆，还是因为你对自己做的事情没兴趣吧，你需要培养对学习的兴趣。"

他想了想，笑着说："我看电影也发呆，看着看着就扭过头看放映机，看了好久好久。"

我说："为什么要看放映机呢？多无聊啊，也没有故事情节！"

他执拗地说："好玩啊，但我喜欢看，喜欢发呆。"

"发呆，发呆，周围人有你这样的吗？长时间发呆就呆了！"我用一种很生气的口气说。

他低下头说："那我爱发呆啊！"

这么倔强的孩子。我心里嘀咕着，忽然想起了老鹰的蜕变。

老鹰是世界上长寿的鸟类之一，它的年龄可达 70 多岁，但要活那么长的寿命，它在 40 岁时，必须做出困难却重要的决定！因为当老鹰活到 40 岁时，它的爪子开始老化，无法有效地抓住猎物；它的喙变得又长又弯，几乎碰到胸膛；它的羽毛长得又浓又厚，翅膀变得十分沉重，使得飞翔十分吃力！

它只有两种选择：一是等死；二是历经一个十分痛苦的蜕变：150 天左右的漫长操练。

它必须很努力地飞到山顶，在悬崖上筑巢。停留在那里，不得飞翔，首先用它的喙击打岩石，直到喙完全脱落。静静地等候新的喙长出来。然后，它要用新长出的喙，把原来的指甲一根一根地拔出来。当新的指甲长出来后，它们使用新的指甲把原来的羽毛一根一根地拔掉。大约 5 个月以后，新的羽毛长出来了。老鹰开始飞翔，重新再过 30 多年岁月！

人只有发生艰难的蜕变，才能发掘自己新的潜力，完成自我革新，从而生机勃勃。

我讲的时候，他问了几个问题，我都给他做了引导。但他不同意我的观点，很执拗。

　　他又注视了我片刻，问："老师，我可以知道您的年龄吗？"

　　很突然。我迅速回答："我肯定比你妈妈年龄大啊！"

　　他认真地说："老师，我感觉我妈和您差不多吧，但是您脸上的皱纹没我妈的多！"

　　我随口埋怨地说："那是因为你把你妈气得长皱纹了。"

　　他说："我没让她生气啊，她自己爱生气，还做过手术呢。"他的表情变得很无奈。

　　我说："你是没让你妈生气，但是你的状态触碰到了她的痛点，她自然就生气了！所以你得改，就像老鹰蜕变一样改变自己。"

　　他嘴里说着："那我改吧。"

　　我问他："为什么选择名校，你到这里干什么来了？"

　　"来吃苦了！"他痛苦地说。

　　"吃得苦中苦……"我还没说完，他就接着说："方为人上人！"

　　随后他又懊恼地跟了一句："这句破道理！"

　　我笑了，鼓励他："你是一个很不错的孩子，但是可能有一些人不理解你。你得让他们理解。你是个明白人，还是你妈妈的好儿子，有孝心！"

　　　　感悟：我感觉这个孩子并不像我之前想象的那样，但是他的改变需要家长配合，更需要继续关注与呵护。他也许不是盛开在春天百花园里的温馨樱花，但必然是盛开在寒冬腊月悬崖峭壁上的红梅花！

46. "老师，他嘲笑我"

　　英语老师伴着铃声走进了课堂。不到 2 分钟，办公室里进来了 2 个男生直奔班主任："老师，他嘲笑我英语听力分数低。"

班主任从早读就在教室里讲纪律，刚刚上了2节课，这时候又忙着批改作业，她听到声音不得不停下手中的笔，用疑惑的眼神打量着这两个男生。

最近这两个男生的心思不在学习上，正打算和他们谈话呢。

"他嘲笑你？他怎么没有嘲笑别人？你为什么不考出好成绩呢？成绩好了他就不笑了啊！你有志气没！"班主任生气地说。

……

2个十二三岁的、长得高高壮壮的男生面面相觑！

"你看你俩，这节课老师讲的东西难道你俩不听就会吗？耽误一节课怎么办呢？你们是来说学习的吗？"班主任反问他们。

2个男生静静地站在那里，没有反应。班主任把开学到现在发生在他们身上的事情说了出来，对他们进行教育。晓之以理，动之以情。

班主任很细心，也很耐心，句句话说到他们心坎上。他俩平静了很多。

　　春秋时期，吴越交兵，越国兵败。越王勾践入吴宫，做了吴王夫差的奴隶。勾践知耻有勇，获释回国后，他卧薪尝胆，访贫问苦，任用贤才，发展生产。那种状况，在中国历代统治者中绝无仅有。十年生聚，十年教训，终于国家富足，军队精壮，一举灭掉吴国，勾践也成为春秋霸主。

班主任讲了一个典故。

接着又说："知道什么是'知耻而后勇，知不足而奋进'吗？知耻而后勇，指的是一种在遭受磨难与打击后，在困境面前，毫不气馁、决不后退、决不自暴自弃，奋发进取、迎难而上的精神状态。耻辱具有两重性，它既是一个挑战，又是一个机遇；既是一种障碍，又是一种锻炼。人在知耻后，才可能有卧薪尝胆的决心和勇气，否则就不能正确认识自己的不足，故步自封，只能是更加失败。"

怕他俩进教室影响同学们听课，班主任给他们每人一张纸、一支笔，让他俩在办公室的空桌子上写着谈话认识，等待下一节课去听课。

坐在旁边的老师听着看着，一直沉默着。这时候，走到被嘲笑的同学身边，语重心长地说："你刚才被嘲笑了，那如果你因为他的嘲笑而努力学习，把成绩考出来，也许那时候你还会感激他，多亏当初被嘲笑才刺激进步……"然后对另一个同学说："你比他强多少呢？嘲笑别人，自己得先有资本。再说，你不尊重别人，别人怎么能尊重你呢！"

老师转身的时候，他们异口同声地说："谢谢老师！"

午饭的时候，大家听英语老师说了事情的经过：英语老师开始讲课了，这两个男生一直在争论，惹得同学们无法正常听课。英语老师停下来，看着他俩，诧异地说："怎么，你俩还没说完吗，要不，去老师办公室说完再进来？"

本来英语老师是想提醒他们停下争吵、认真听课。结果一个站起来对另一个说："走，咱出去说！"他俩竟然离开座位出了教室。

英语老师无奈地望着他们走出教室。看着同学们都笑了，老师赶紧调整情绪，管理课堂秩序继续讲课，等着下课和他们谈话。

这些十来岁的孩子心智发展还不成熟，有的并没有判断是非的能力，听不出老师说话的真正含意。

老师不仅要传授知识，还要教给他做人的道理、处事的方法，教给他如何与人沟通。正如唐代文学家、哲学家、思想家韩愈所说："师者，所以传道、受业、解惑也！"

感悟：我的心情一直很压抑。脑海里出现了一些学生受到打击而离家出走、自杀、跳楼的事情。因为有些学生的心理很脆弱，自尊心受到伤害容易走极端！老师们要深刻分析，耐心谈话，引经据典，用故事感染他，使孩子从心灵深处醒悟，并端正生活态度。

47. 家长的影响

前几天一位家长给我发微信说：孩子最近表现很差，回家不认真写作业，磨磨蹭蹭混时间，拿着手机不放，每天混日子、和家长争吵，软硬兼施都不行。

家长很苦恼。

家长让我今天跟孩子见一面。我琢磨了很长时间。如何让孩子认可我？这位妈妈这么苦恼，我怎样做才能帮到她？

中午，我专门去了文具店，给孩子选了一个精致的笔记本，作了一首小诗，写在扉页上。我希望孩子在上边写下心里话，我们以一种特殊的方式展开交流。

下午放学时整理桌面，我看见了我的《吹开心头花朵》一书，觉得这本书也适合孩子读，就又拿了一本书送给孩子。

阅读总是能让人静下心来，读一读，总会有好处。况且，这本书语言很美，充满了正能量，可以励志。

放学后，她们很快来了。这个女孩子高高瘦瘦的，挺清秀的，懂礼貌，很文静，比我想象的要好得多。我们在四楼的空教室开始交流。

妈妈还是说孩子总跟她顶嘴，不听她说的话。但是孩子否认了。孩子说妈妈唠叨，总找一些无聊的事情烦她；孩子还说，很困惑自己的学习成绩退步了，以前能考班里的前几名，上学期期末成绩不好，很着急，很苦恼……

我一件一件帮孩子梳理着。这孩子领悟能力很强。我问她是班干部吗，孩子说是班长。我点点头，预料之中的。孩子品行端正，坐姿优雅，思路清晰，很优秀。

我给孩子说完学习方法之后，又鼓励她把各门学科都学好，说得很细致，我认为这是一个好孩子，稍微一点拨，肯定有很大变化。

孩子妈妈是一位公办学校的老师，接触的孩子没有自己孩子这么优秀，而她又极其认真，看到别的孩子的坏习惯，就担心自己孩子也有类似的毛病。回到家里，就开始盯着自家孩子的缺点，甚至给自家孩子找缺点，对孩子进行批评教育。孩子有自己的思想，自尊心也强，所以就烦她，矛盾就出来了……

感悟：其实，很多孩子和父母之间的冲突，问题不在孩子，而在于孩子的家长。孩子整天接触的是单纯的同龄人，有纪律约束，有老师监督，犯一点点错误，老师都看在眼里并指导改正。孩子越来越优秀，听话、守规则、拾金不昧、乐于助人、尊敬师长、爱护公物、团结同学等。而家长则不是，到了社会大环境里，接触的人各种各样，受到私心杂念、损人利己、投机取巧等不好的影响，是非标准徘徊不定。有的家长早就不顾及自己的形象了，满嘴脏话，随随便便，甚至用自己粗俗的标准要求孩子。等回到家里，就影响到了孩子，有的甚至造成了很多的矛盾和冲突。

家长应该先提升自己的素质。比如多读书，扩充知识，多和优秀的人交流，提升自己的品质，开阔眼界，多学习一些教育孩子的智慧，等等。当家长的素质提高之后，用自己的言行影响孩子的时候，那就不用多说什么了，孩子肯定也优秀。

48. 不可撒手不管

今天是周五，学校政教处组织班主任召开经验交流会，校党总支召开选举会。

学生上自习课，班里都已安排了老师，有的老师已经开始检查纠错、讲评作业了，每个教室都井然有序。

我在楼道里遇到了一位学生家长。她徘徊在（6）班和（5）班之间。家长30多岁，前额上有斑斑白发，看来也是一位事业型女性。

看她注视着我，我走上前去和她说话。原来是（6）班小赵的家长。我们就谈起了小赵同学，都认为小赵的学习习惯还可以，品质也好。

家长说，孩子很有意志力，就是这次的成绩没考好，很遗憾！在小学时，是自己陪着孩子学习的，到了初中，家长放开了，让孩子自己管理自己。

家长担心孩子一味依赖家长，会对孩子发展不利，所以就放手不管了。以为孩子会自己管理自己，并养成自立自强的品质，但是结果却是：孩子成绩下滑。

家长自己很苦恼，和班主任聊天，想得到一些方法指导。

看着家长郁闷苦恼，我心生同情。

我对家长说："首先，您想使自己孩子比其他孩子更优秀，您就得下功夫管理！老师管理的学生多，可能顾不过来，有些细节需要家长引导和监督；如果您的孩子有很强的学习积极性和主动性，有良好的学习品质和学习能力，您就可以少管他，让他自己规划学习，并努力践行。初中的管理和小学的管理是有所不同的，但绝对不能放任不管！您真的了解您的孩子吗？他这个时候最期待的是什么呢？"

"我们的老师都很尽心尽力！谁不想让自己的学生最优秀呢？所以您不能埋怨老师。我周围老师的敬业我是深有体会的，他们顾不上自家孩子，顾不上家庭，全身心投入教育教学工作中去，都非常敬业！"

"孩子的品质很好，而要想提高学习成绩，您就得根据孩子的特点帮助他改进学习方法。到底什么样的学习方法适合他，需要和各个代课老师沟通。让孩子在学校里多找代课老师请教，慢慢就会适应老师，寻找到适合自己的学习方法。"

"别听家长互相说'自己不管孩子学习'，真的吗？人家管的时候需要跟你说吗？需要提醒你吗？问题是人家的孩子很优秀啊！"

因为有开会的任务，我们也没时间深入交谈。只能在以后恰当的时间里说学习方法了。有些家长会用心思考，并能想到更多管理孩子的好方法。

其实，"学生拼成绩，背后拼的是家长"，特别是十来岁的小男生，心理发展不成熟，他们非常需要父母的提醒和关爱。

感悟：大多数初中年龄段的孩子是需要父母精心管理的。他们的学习习惯没形成，学习品质没养成，容易受到诱惑；他们辨别是非的标准没有建立，有的分不清好坏，正是需要父母给讲道理、定规矩的时候。父母的管理和提醒是非常重要的，父母千万不可撒手不管。

49. 家长的配合

今天办公室里来了一位家长，看起来很年轻。和语数外老师沟通以后，班主任就推荐过来，因为我刚刚做了课堂小测验，请我跟家长说说孩子的情况。

家长说她不上班了，专门从太原来到西安陪孩子学习，家里还有个二宝，才 90 天。家长的态度很真诚，但这个刚上八年级的孩子学习习惯很差，家长心有余而力不足。

翻开这个孩子的测试卷：基础知识不及格，知识点考查只得了 5 分，满分是 60 分。让家长难堪的是他写的字非常潦草，简直难以入目。

家长惭愧地说，我一定给他报写字班把字练好！

我帮家长分析，基础知识和其他孩子差距大，是由于孩子的学习习惯差，课堂学习效率不高，知识点没有掌握好。

家长又说，她一定在家里好好配合，帮助孩子提升。

我笑着探问："您打算怎么配合？"家长自信地说："我查他的学习笔记，我提醒他复习。"家长很急切，但是没有找到最有效的办法。

我给家长分析了我们这门学科的特点，说了教学内容，告诉家长在家里提醒孩子每天挤出十来分钟时间看看书，巩固一下知识点。

过了两天，我给他们班上完课之后回到了办公室里，一个孩子打报告进来了，我一看，是他，满脸真诚。"老师，我写完笔记了，请您检查！"他端端正正地站在我跟前，把作业本翻开："哇，你写得这么整齐、认真，你看你的字写得挺好啊，看吧！只要认真了，这字能写得很好的啊！坚持哦！"

他看了一眼天花板，很得意。表情放松了很多，露出了一丝微笑。我又鼓励他："贵在坚持，你如果天天都这么认真和主动，你肯定是最优秀的！"

他非常真诚地向我道谢。

在他扭过身的瞬间，我想到了她的妈妈。我觉得和她妈妈的谈话比较成功，因为孩子真的转变了，而且很自觉地让我检查他的学习情况。

感悟：孩子从小学升入初中，学习环境和学习方式都发生了很大的变化。孩子开始步入青春期，学习会受到影响。他们的是非观念正在形成。

到了新环境，有很多事情，他们自己并不会分析，更不会处理好，是很茫然的。家长应该多帮孩子分析。新学校，新老师，新的管理模式，如果不适应，学习效率就会受影响。

学生有差异，成绩自然不同。对于学习效率不高的孩子，家长应该分析自己孩子的情况，多多和老师们沟通，及时调整孩子，使孩子尽快适应初中学习，并且健康快乐成长。

50. 妈妈的付出

大雨下了一夜，到处是积水，每逢这时高新区堵车已经很常见了。同事说她在学校不远处堵了 20 多分钟。

大雨一直下，看着灰蒙蒙的天，情绪也没有往日那么好了，淡淡的悲伤。如果在家里，我肯定会甜甜地睡一上午，缓解一下困乏。

办公室里静悄悄的，我冲了一杯咖啡，开始备课。

班主任进来了，嗓门高八度："今天我们班有6个孩子过生日！"说着，从办公桌抽屉里拿出了6张贺卡摆弄着。

"啊！这六个孩子都是今天出生的吗？太巧了吧！"我风趣地说。

班主任点点头，接着说："我们班小黄的妈妈买了一个大蛋糕，一会儿就要送过来。本来我说要自己买，但是她执意要买，拦不住，帮我解决了一件大事！"

简单聊了几句，各自忙去了，我很快淡忘了这件事情！

午饭之后，我走进办公室，映入眼帘的是一个大大的蛋糕盒，里边还有已经切好的几十块蛋糕。蛋糕非常精致！在班主任的盛情邀请之下，我也吃了一块蛋糕，香甜可口！

班主任是刚刚研究生毕业的数学老师，曾经就读于我们学校。眼前的她青春靓丽、积极阳光，干脆利落，热衷于教师职业，整天忙前忙后，从没见过喊苦喊累。班里的孩子也很努力，很团结，代课老师一致认为她们班很好。

品着甜甜的蛋糕，心里想着学生和家长。孩子的家长很大气，很有爱心，让班里60个孩子都吃上了蛋糕，我们这些老师也跟着一起体验了孩子的快乐。孩子在家长的心里占据极其重要的位置，只要是孩子需要的，家长几乎都会满足。

下午，我上完课在整理教学反思，抬起头，看见了小黄的背影，他正在和英语老师交流。望着他的背影，不由得对他妈妈心生敬意。等他转过身时，我叫住了他，他高兴地走过来站在我的桌子旁。

我笑着说："你好，首先祝你生日快乐！老师今天也吃了你的生日蛋糕，谢谢你！但是你更要努力学习，变得更加优秀哦！在我们的社团里也要积极活动，提升能力！只要坚持努力，你就是最棒的！"

他离开办公室的一瞬间，我看见了他笑开了花的脸蛋。孩子今天非常高兴，不仅因为自己过生日，而且为自己妈妈的举动高兴，是妈妈让全班孩子过生日，老师们也祝贺他！

感悟：孩子在成长中，喜欢找一个偶像约束自己。这个偶像可能就是老师或者父母。这个妈妈了不起啊！虽然只是一块蛋糕的事情，但是在孩子的内心深处生了根发了芽，妈妈的付出在孩子心目中树立了无私、乐于分享的形象，妈妈真好！

51. 解决困惑

线上教学是特殊时期的特殊教学形式，实施初期，大部分学生学习目的明确，欣然接受。也有一些学生是感觉新颖、好奇而萌发兴趣，参与并一起完成学习任务。再加上多数家长没有复工，可以监督孩子，似乎一切顺利，偶尔出现的问题也很快被解决。

经过全国人民的共同努力，疫情得到了有效的控制，家长们陆续复工，爷爷奶奶在家，只能解决吃饭问题，孩子的学习进入了无人监督的状态。一些孩子的学习态度本来就不怎么好，也厌倦了这种学习方式，就开始分心了。

在线学习需要手机或者电脑，但除了学习，一些孩子长期玩手机和电脑，等爸爸妈妈晚上回到家里，才发现孩子作业还没做，或者做得很潦草、错题率高、不纠错、不整齐、知识掌握得不好，老师安排的任务做得不扎实，等等。家长生气，孩子叛逆，引发了亲子冲突，家庭战争因此爆发。

网课期间，班里总有几个学生不提交作业。第一次，我给家委会负责人名单，请家长督促作业；第二次，再给家委会名单，要求家长督促作业，并和孩子交流，反思问题；第三次，要求家长问清楚孩子不交作业的原因，及时和我沟通。

请家长和我沟通，是想引起家长重视，也是想知道孩子不交作业的原因，以便调整教学方法，对孩子进行疏导。

有一位家长从周四就给我发信息要和我沟通，但是每次都是深夜，我的电话处于静音状态，第二天才能给她回复。一直到周六上午 10 点左右，我终于接到了家长的电话。

从声音和谈话得知，妈妈工作很忙，但是对孩子学习很重视。她说，单位最近复工，面临很多新问题，自己每天晚上回家较晚，自己工作很累很烦。发现孩子作业没做完，估计是玩手机，没有认真学习。看到这种情况自己就生气，大声呵斥、严厉批评孩子，唠唠叨叨很久。孩子很厌烦，情绪对立，语言反驳妈妈。

听了她的诉说，我在电话里提出了以下几点建议。

其一，尊重孩子。八年级的孩子一般是 13 岁左右，正是从少年期向青春期过渡的阶段，他们个子迅速长高。生理、心理都在变化。容易冲动、情绪不稳定，有的封闭自己不与外界交流，有的独立，有的依赖性很强，表现出很多让父母不理解的行为。这时候，有的父母情绪激动，可能骂孩子无知、狂妄、自私、愚蠢，这些词语只能伤害孩子，激起了孩子的反感。孩子也苦恼，父母怎么不理解自己呢！

骂孩子只会拉远孩子和父母之间的情感距离。本来青春期的孩子就比较迷茫，遇到这种情况，他们没有了主意，无法发泄情绪，自然会和父母对着干或者发生肢体冲突。

父母生气时骂孩子，会使孩子孤僻、懦弱、胆小、自卑，有的导致孩子厌学、离家出走、对生活失去信心，甚至轻生，等等。

青春期的孩子可塑性很强，是非观念正在形成，他们在自己的思考和观察、学习中建立起的是非标准，更需要父母指导。父母狂风暴雨般的教育方式击碎了他们的想法，孩子不理解，也不能从心底里接受，没有任何效果。

青春期的孩子特别在意自己在他人心里的形象，很注重别人怎么说，他们很敏感。他们有尊严，更需要被尊重。父母错误地以为自己给了孩子生命和充足的物质生活，孩子就必须无条件服从他们，不能有一丝丝的反抗。但是孩子也是有情感的，他们并不是父母的附庸品。

只有尊重孩子，孩子才能敞开心扉和父母交流，才能把自己的想法说出来，父母才能有目的地做好指导教育；只有尊重孩子，孩子才能更加尊重自己的父母，父母的想法和建议才能在他们的心里产生共鸣并生根发芽。

尊重孩子就要请孩子说出自己的想法，帮他分析；尊重孩子就要经常发现孩子的闪光之处鼓励孩子，使他们树立起自信心；语言委婉一些、温柔一些，不强迫孩子，用一种商量的语气和孩子交流。这样如同春风化雨，才能滋润青春期孩子浮躁的心灵，从而取得良好的效果。

其二，培养责任心。优秀的人都是有着强烈责任心的人。对自己负责任、对家庭负责任、对国家和社会负责任。责任心能激发一个人的主动性和克服困难的勇气，也能培养一个人的坚强意志和永不放弃的品质。

世界上最无私的爱是父母对子女的爱，但是这种爱不是"溺爱"。爱孩子不是纵容孩子自私自利只想自己，爱孩子不是教育孩子占小便宜不劳而获，爱孩子不是事事顺着孩子、不分是非满足孩子所有的条件……爱孩子首先应该培养孩子的责任心，而溺爱只能毁了孩子。

在孩子成长的过程中，要教育孩子自立自强，自己的事情自己做，不要依赖父母家人。比如整理自己的房间，规划自己的学习，做错事情了应该承认错误、改正错误，遇到困难要想办法克服。告诉孩子学习靠自己，要勤奋刻苦，别人能做好的事情自己也能做好。自己对自己负责任是一种习惯，是一种优秀品质，必须养成。

在家庭里，父母抚养教育孩子，是对孩子负责任，而孩子应该感恩父母，也要对父母和家人负责任。在家里承担力所能及的家务劳动，给家庭作出应有的贡献，努力学习回报父母，就是对父母负责任。

告诉孩子任何人不可能脱离社会独立生活，每个人都是社会的一员，都享有很多权利，所以也应该回报社会，给社会贡献自己的力量，积极承担社会责任。一个有责任心的人，才是一个优秀的人，才能赢得别人的尊重，成为一个对社会有用的人。

认真听课，努力学习，及时纠错，有效完成自己的学习任务，不给老师和父母增添麻烦，就是在承担责任。

其三，爱心呵护。大家听说过"爱之必以其道"这句话吧。这是郑板桥写给弟弟信中的一句话。郑板桥晚年得子，甚是喜爱。由于在外为官，就希望弟弟能帮忙管教孩子。他说自己当然很爱孩子，但"爱之必以其道"，意思是爱孩子一定要讲究原则方法。父母觉得唠唠叨叨劝孩子，劈头盖脸骂孩子，都是为了孩子，但是效果怎么样，父母心里最清楚。

爱孩子，是要讲究艺术的。"教育意味着一棵树摇动另一棵树，一朵云推动另一朵云，一个灵魂唤醒另一个灵魂。"可见，教育是用爱心呵护的，轻轻感染，悄悄影响，慢慢感化。家长应该有足够的爱心与耐心。绝对不能急于求成、揠苗助长。需要观察孩子、分析孩子，结合情境循序渐进。优秀品质都是在长期生活中养成的，好习惯是慢慢沉淀形成的。

当孩子养成好习惯、好品质的时候，他就会安排自己的生活，学会分清主次、规划学习了。由于孩子优秀，他们给自己定的目标也总是比较高，正所谓"目标越高则进步也越大"。这样良性循环，孩子最终更加优秀。这些孩子的家长并不是天天跟着孩子学习，天天监督孩子学习，但是孩子依旧做得很好。

家长应该在正确的时间以正确的方式表达对孩子的关爱。家长居高临下地批评指责，会让孩子觉得家长鲁莽、武断、不讲情理；永不停息地唠唠叨叨骂孩子，会让孩子觉得父母愚蠢无能，没有策略；埋怨孩子，会让孩子认为父母爱找自己麻烦；简单粗暴，则会让孩子觉得父母在敷衍自己。

孩子喜欢精彩的故事，因为惟妙惟肖，仿佛给自己插上翅膀高高飞翔；孩子喜欢电影电视，因为情节曲折、故事新颖；孩子喜欢歌星明星，因为时尚，是社会关注的热点焦点；孩子喜欢体育运动，因为不拘束，很放松；孩子喜欢演唱会，因为气氛热烈，很有感染力……

家长能否换一种方式，把不认真学习、不及时纠错等缺点稍微修饰一下，变成孩子能够关注和接受的方式引导激励孩子呢？实际上，都是父母一时的生气遏制了智慧和创造力，本来很好解决的问题却升级了，惹得孩子没有好情绪、很迷茫、很愤怒，不知如何是好。长期下去，孩子只能选择和父母对立。家里失去了和谐，孩子的学习和成长都成了问题。

父母一定要冷静，认真分析问题，以爱心为基础，巧妙引导。如果这样做了，孩子怎么能翻出父母的手掌心儿呢？

其四，抓住情感教育机会。父母与孩子之间的情感是天然生成的一种关系，不可改变，无法选择。父母在孩子成长过程中付出了很多艰辛，含辛茹苦养育孩子，不想让孩子受一点点的委屈，总是把最好的留给孩子，人们称赞这是一种伟大的爱。孩子有困难的时候总是哭着喊爸爸喊妈妈，只有爸爸妈妈才能降妖除魔保护孩子。可见这种爱有多么深厚。

孩子也从小模仿，给自己的芭比娃娃梳头发、剪指甲、唱儿歌、演节目。父母为何不引导孩子把对芭比娃娃的爱转移到对自己的关爱上呢？

智慧的父母总是在激发、培养孩子的爱心，和孩子建立起浓浓的情感。比如，给孩子创造条件做些力所能及的家务，培养孩子的感恩之心；父母生病了，提醒孩子帮自己端水取药，培养孩子细心照顾、关爱父母；把生活中的烦恼说给孩子，培养孩子同情父母，让孩子体谅父母的不易；把工作中的困惑说给孩子，和孩子一起分析问题，拓宽孩子视野，学习探究解决问题的方法；等等。

在孩子的成长过程中，父母应该一直陪伴孩子。这种陪伴不应该局限于时间和环境上的陪伴，关键是思想和精神上的陪伴。细心善良的父母不愿意欺骗孩子，总是很认真地观察孩子、疏导孩子，帮助孩子养成爱动脑、勤思考、全面考虑问题等好习惯。

这种情感教育疏通了和父母的关系，也能激发孩子的主动性，培养孩子爱父母、积极承担责任等好品质。

感悟：尊重孩子、培养孩子的责任心、用爱心呵护孩子以及情感教育，虽然不能直接解决问题，但能帮助孩子养成很多优秀习惯和品质。有了这些，就能促进孩子的学习，孩子成长过程中的风风雨雨也就很容易克服，即使是大风大浪，孩子也能闯过去。

52. 家长很给力

学校一年一度的新生武术操比赛终于落下了帷幕，我们组的 6 个班，（2）班、（4）班、（6）班分别获得全校一等奖，（1）班、（5）班分别获得全校二等奖，其中（1）班是二等奖中的第一名。我们组总体获得全校优秀组，成绩非常好，和各个班主任老师、学生以及家长们的辛勤付出分不开。

在这场比赛中，班主任是总指挥，但是如果没有各位家长的支持和配合，也是无法取得好成绩的。家长都做了什么呢？

首先，在精神上鼓舞和支持。"只要态度好，一定能打好武术操！"在紧张繁忙的学习之余，班主任一次又一次带着学生在操场上练习，甚至练到身心疲惫。对于每一个动作都要做到准确无误，要花费多少心血啊！（1）班班主任的思想工作做得非常好，（1）班学生精气神儿很足。班主任非常严格，说一不二，在她的指导下，（1）班学生武术操打得非常好，特别是下楼站队能做到"快、静、齐"，被学校领导多次在大会上表扬。看着（1）班学生的认真，其他班的班主任心里都很有压力。

其次，在行动上大力支持。（2）班班主任顶着压力，思考着如何突破，如何带领学生把武术操做得和（1）班一样。老师终于打听到班里一个同学的叔叔在武术操方面是专家，很容易就说动了家长请来了学生的叔叔，同学的叔叔利用下班时间辛苦指导。繁星满天了，校园里还出现着他们练操的身影。（4）班班主任请来了更著名的专家前来指导，并且排练了精彩小表演，由家长亲自监督，力求把每一个动作做准确、做规范！很多班级都在想好办法。

终于到了表演时刻，我们组每个班级都脱颖而出。从服装、气势和动作等各个方面，都展现了学生饱满的热情、认真的态度、精准的动作。

大家连连叫好！

感悟：我们组每个班都非常出色，这和班主任的工作分不开，更和各位家长的悉心配合分不开。正因为家长很配合，所以才有如此优秀的成绩。

53. 家长应重视

现在的家长更重视孩子的学习。当我在微信群里发了一条让 6 名学生家长回电话的信息后，3 位家长秒回，最后一名回电话是 3 个小时后，原因是家长下班回家陪孩子挂完吊瓶之后才看见手机信息。

家长们的态度非常好，且话语间饱含着感激之情。有的家长希望知道好的管理方法，有的家长需要学习的辅助资料。

繁忙的工作，竞争的压力，生活的逼迫，磨炼了家长的意志，也激励着家长的斗志，煎熬着家长的身心，导致有些家长非常疲惫，非常焦虑。但是，他们仍然没有放松对孩子的教育和培养。真是负责任的、高素质的、优秀的、令人敬佩的家长们啊！

我们学校是名校，每年考进"985""211"大学的学生很多，这里聚集着全省最优秀的教育资源，有着一流的教育管理模式。家长们克服重重困难，把孩子送来学习。可见家长倾注了多少的心血啊！

对学生负责任，促进学生健康成长和成绩优秀，这是所有老师都必须做到的，更需要家长和老师携手并进才能实现。

感悟：如果孩子的不良表现没有迅速转变，如果没有及时和家长沟通而采取更好的方法，那就是对学生不负责任。寻求家长的帮助，能更好、更迅速地解决孩子学习中的困惑。

54. 教会学生解决问题

昨天上课，班里发生了这样一件事情：预备铃声响起，我伴着铃声出现在教室门口，这个班里有几个学生的学前准备没有做好。我顺手拿起桌面上的其他书本放在讲桌上说："因为你们没有按要求做，所以这些书本我收走了！"学生无奈，一脸后悔和沮丧。其他同学庆幸自己做好了准备。

在我的耐心疏导下，学生们积极配合，积极互动，学习活动顺利结束。下课铃声响了，我走出教室，自然"满载而归"！

两个学生追了出来，问我要书本。说出了自己的错误并且列举了错误的影响，还保证下节课一定做好。因为他们的憨厚、真诚，我把书本还给了他们。

虽然本节课犯错误了，但还有被肯定的地方：能及时承认错误，能积极解决问题，这种现象在十二三岁的中学生中很宝贵。

我以为其他同学看见我把书本还给了他们，就会接二连三地来承认错误，要走书本。但是直到最后一节自习课，才有两个学生慢腾腾走进我的办公室来要书本，其中一个还是陪同学来的。

听同事说，这2个学生在门口徘徊了很久才走进来。

是胆怯吗？他们不知道会浪费时间吗？

被陪同的学生说话吞吞吐吐："老师，我……来要本子。"

我停下笔说："你的本子怎么会在我这里呢？"

她停下来思考了一会儿说："因为我在上课的时候没有及时把不相关的书本拿下去。"

我看着她说："你有错误吗？"

她眨眨眼睛，低下头说："我影响了本节课的学习。我错了！"

我说："为什么现在才来要呢？太晚了！"我故意扭过头写字。

她停了几秒钟说："因为刚刚下课被老师叫走了……"

我问旁边的同学是不是，同学点点头。

我问她："同学不惜耽误自己的时间陪同你要书本，你是什么心情呢？"

她想了一会儿说："感激！谢谢她！"旁边的同学笑嘻嘻地站着。

我恳切地说："以后遇到这样的事情要自己想办法解决，不要麻烦同学。要用你的经验、智慧思考问题，看错在哪里，老师为什么要这样做，你应该怎么解决这个问题。实在不会处理的，可以找同学商量，这样才能长大！"

……

快放学的时候，还有几个学生没来要书本。我在心里开始思考，该怎么解决问题、怎么和家长沟通。

"老师，我来承认错误……"终于又有几个学生来领书本了。

他们一个个很平静、很真诚的样子。

学生犯错误是很正常的事情，改正错误的过程就是成长的过程。在认识错误和影响、保证改错的情况下，我把书本都还给了他们。因为他们晚上做家庭作业要用到的。

家长也越来越重视他们的学习了，如果家长知道他们的错误，他们肯定要被家长批评。

感悟：告诉孩子，当出现问题的时候，千万不要闷在座位上不吭声而浪费时间，一定要主动找老师谈问题、正确解决问题，让老师看到你的真诚，看到你认识水平的提高和积极改正错误的决心！

老师都喜欢爱思考、不断进步的学生。犯了错误而积极解决问题就是在思考、成长和进步。

55. 流眼泪的妈妈

这个孩子是 9 月份新入学的，爱发呆、逆反，来到学校就趴在桌子上睡觉，不听老师的劝告；妈妈着急了破口大骂、举手就打……这个孩子是我的"帮扶"对象之一。

我和班主任沟通之后，拨通了家长的电话。妈妈一听是学校老师，并且是专门帮助孩子的，激动得语无伦次。虽然刚刚来过了学校，但仍然决定尽快再和我联系。她说很感激！

今天，孩子的妈妈来了，看起来很疲惫、很忧虑的样子，年龄虽然只比我小 2 岁，但看起来好像很苍老。我让她描述孩子的情况，她语言很简练："犟！不听话！我一生气就打，他就和我对着干，更糟糕。"

我让她接着说，她又补充一句："做事拖拉，发呆，但要坚持做完作业才睡觉，所以每天晚上 12 点以后才睡。"

我问她孩子小学在哪里上的，老师如何评价孩子。

她立刻说："……小学老师说他学习不开窍！"

当问她孩子小时候谁管理上学时，她低下头，说是托管班，然后补充说："但我在生活上很娇惯他，比如，给他做很多好吃的。"

问起和孩子平时有什么互动，孩子喜欢关注什么，她只说今年暑假带孩子去北京玩，孩子和她说了很多事情。我问她具体说了什么事情，她却说不出来。

我说："比如孩子和您游览万里长城，问历史知识和故事吗？"

她茫然地说："孩子没有问。"

……

她说自己工作很努力，而且经常被评为先进工作者，但生活圈子小。为了这个孩子，她已经精神疲惫，身体也被拖垮了……

眼泪直往下掉，她看着我，忍不住哭得很伤心。

我安慰她说："您别担忧，您看海伦·凯勒，她都能积极阳光地面对生活，咱们一起努力吧，尽可能改变孩子的状况……"

妈妈又提出想给孩子找"一对一"的辅导老师，帮助孩子晚上很快做完作业，保证按时休息。

想到孩子正处在青春叛逆期，经常和她顶嘴，我同意了她的做法。我也想和"一对一"的老师沟通下，一起解决孩子的问题。

我们谈妥之后，叫来了孩子说明他的情况。这个孩子很不配合，说如果这样，自己就不吃饭，一到教室就睡大觉。

因为我很耐心，妈妈这次没有骂，也没有打，她也充满信心尽力说服孩子……

这位妈妈，自己工作学习很出色，可偏偏遇上了这样一个"怪"孩子。她也该调整自己的生活了，希望能早些从那种内疚、担忧、惶恐中走出来……给孩子呈现一个阳光、健康、积极、坚强的妈妈形象。

感悟：为了改变孩子，我提出了2点要求。第一，保证每天晚上10点之前休息。和其他孩子一样在学校饭堂排队吃饭、自习、休息，万一吃不惯学校的饭菜，妈妈每个礼拜保证2次赶在12点钟把饭菜送到学校给孩子。第二，改变生活环境。比如，丰富孩子的课余生活，妈妈引导孩子接触社会，学会沟通，学会判断并处理生活中的简单事情；培养孩子阅读的习惯，多了解名人伟人成长的故事来鞭策自己；引导孩子学会表达自己的情感，可以给周围的老师或同学写一段话，制作一个精致的小礼物；等等。

56. 没有敬畏心的孩子

本学期，我"帮扶"的另一个孩子经常不到校上课。我们和家长一直在给孩子做思想工作，但是效果甚微。我想和孩子进行一次深入交流。今天妈妈终于回复了，请求我的帮助。

可是孩子不来学校我怎么和他谈话呢？刚好上午没课，我决定去家访，妈妈很是感激，说来学校门口接我一起走。我问了班主任和授课老师孩子的近期表现，和政教处主任做了沟通，办理了请假，与妈妈一同出发。一路上，我们一直聊孩子的表现。我给妈妈介绍教育孩子的经验。

进了家门，孩子还在熟睡。妈妈说孩子晚上做作业，凌晨才睡下。喊了很久也没喊醒。我不知道可怜的妈妈是怎么给身高 1.8 米、身体魁梧的儿子穿上衣服的，我看见他的时候他还趴在床上呼呼大睡。妈妈一直在说："孩子，快起来，老师来了，老师来看你了！"一遍又一遍地喊，一下接着一下地摇孩子，可怎么也叫不醒孩子。

任凭妈妈怎么喊，怎么摇，孩子仍然睡在床上一动不动。我并不相信孩子没有听到妈妈的呼唤声，但孩子一直叫不醒，是不是装睡呢？可见孩子没有敬畏心，不敬畏妈妈，更不敬畏老师！

妈妈很无奈！烦躁地在房子里转来转去，尴尬地看着我。

我告诉妈妈，等孩子醒了，必须和孩子谈谈，说说我的要求，也可以让孩子给我打电话聊聊。孩子这样的表现不好，需要改变他。

十三四岁的中学生可塑性很强，但要是错过这段教育时期就不好改变了。家长找老师帮忙是应该的，老师和家长都有责任教育他。但主要是孩子自己的认识和改变。家长应该树立信心，必须有更好的方法。建议和孩子一起做孩子感兴趣的事情，比如旅游，阅读一本好书，一起做公益，等等。在和孩子做喜欢的事情时引导教育孩子，帮助他提高认识，感悟规则的重要性，学会分析和辨别，做出自己的判断。

孩子似乎睡得很香，妈妈怎么也叫不醒。我工作很忙，打算返回。妈妈送我到楼下，说出了自己的担忧。她说："害怕学校给孩子留下不好的记录或者开除孩子。"我说，学校是教育培养孩子的地方，老师和家长是一样的心情，不会做对孩子不利的事情。我们看到他的这种情况很伤心，我们会想办法教育感化他。期待着他的变化，希望他早日回到学校，不会歧视他、开除他！这个孩子没有敬畏心，必须教育感化！

妈妈哽咽着，抹了一把眼泪，没有勇气看我。我的心情也很沉重，告诉她需要帮忙的话随时沟通，孩子会好起来的！

感悟：如果在一条路上行走时遇到了绊脚石，把绊脚石踩到脚底下作为垫脚石是一种选择，但重新选择方向又何尝不是一种明智的做法呢？与其拼到终点的时候筋疲力尽、伤痕累累，不如扬长避短、顺势而为！不要老看着别人耀眼的光环折磨自己，适合别人的不一定适合自己！

57. 惊魂瞬间

中午吃完饭，我习惯走出办公室在楼道里转转，看看学生的课余生活，观察下学生的身心状态。

有一天，我正在欣赏学生互相交流时的自信和愉悦。"老师！老师！"耳边传来急促的叫声。我立刻转过身，看见七八个学生同时向我招手。我赶紧跑过去，顺着他们手指的方向看。

一个学生的背影。坐在四楼围栏上低着头看着地下。

她要跳楼！她要自杀！我的头"嗡"地一下，浑身发热，两腿发软！我想一口气、一个箭步冲上去拉她下来。

但我不能惊动她，我害怕她听到脚步声时，突然从我眼前消失。

我急促地喘息，说话结结巴巴，举着胳膊，迈出脚，不知所措。

远远看见一只手悄悄拉住了孩子的胳膊，一位男老师迅速把孩子抱了下来。这时我已经到了孩子身边。

我的眼泪打湿了眼眶，一个鲜活的生命重新站在我的眼前。

"我有抑郁症。"孩子哽咽着说。

"别想那事！"我说，看见两行泪珠从孩子脸上滑落。孩子把目光转向我，眼里满是委屈。

校领导已经到了，走到孩子跟前说："孩子，这么多人关爱你，喜欢你。你看，老师是飞过来的，你摸摸我的心脏，看看它跳得有多快！不管发生什么事情，要珍爱生命啊，没有了生命，一切都是空的……"

"你才十来岁，很多事情没经历过，很多事情没做过。世界很精彩，你不想看看吗？你怎么能想到轻生呢？"一位老师说。

"你看看医院里的很多病人，为了生存，坚持治疗，忍受着多大痛苦！为了活下去，为了陪伴亲人，哪怕多活一天也愿意……"

孩子怎么能患上抑郁症呢？父母是孩子的第一任老师，我们决定与家长沟通找找原因。

孩子有抑郁症，家庭里最重要的事情是帮助孩子恢复健康。我不知道这个孩子的爸爸妈妈知道孩子有抑郁症之后会是什么态度。

这是我3年内遇到的第三个"抑郁"学生。

第一个是我以前邻居的孩子，邻居是租房住的。夜里正在酣睡的时候，听到歇斯底里的哭喊，和噼里啪啦摔门的声音，孩子情绪完全失控了。有一天是傍晚时候发作，我虚掩着房门，只见妈妈从房子里出来了，满脸愁容，痛苦不堪。但是听我侄子说，孩子背书包上学的时候很正常，看着挺聪明的。

第二个是我带的毕业班的一个女孩子，经常旷课，听说是治疗去了，有抑郁症。我观察过她，很文静，和我交流时也很平静。她主动告诉我，她有抑郁症。

我笑着说："你别想那事，要心情愉悦、快快乐乐。调整好情绪，凡事别往心里去。"她也笑了。

我看着孩子说："你应该经常暗示自己，想想快乐的事情，要运动增强体质，人在运动的时候，会产生快乐因子，身心很愉悦的……"

感悟：我不了解抑郁症，更不懂得如何治疗。我真是想帮助孩子摆脱疾病的折磨。中国科学院心理研究所发布的《中国国民心理健康发展报告（2019—2010）》显示，2020 年，我国青少年抑郁检出率为 24.6%，其中，重度抑郁的检出率为 7.4%，因此必须给予高度重视。要从家庭重视做起，家长必须采取措施帮助孩子康复，可以寻求医生帮助，更要科学陪伴孩子成长。

58. 公益讲座：生命安全教育

生命很美，我们赋予生命很多意义：生命如花，璀璨芬芳；生命如歌，深沉悠扬；生命如诗，曼妙轻盈；生命如云，高洁尊贵；生命如水，清新静美。

同学们的人生刚刚起步，谁也不愿意虚度一生。如果生命突然消逝，则拥有的一切都不存在。生命高于一切，生命至上。

我一直记着两件事。

第一件事，几年前听到某地媒体报道，某校一老师在上课时，前边男生起来回答问题，后边一个男生故意用脚踢开了前边男生的凳子，前边男生回答完问题坐下来的时候狠狠地摔在地上。老师很生气，同学很惊恐，救护车随之而至。那个摔倒的男生尾骨严重骨折，后来去多家医院治疗，也没有治好，导致终身瘫痪，再也不能站立行走。

踢凳子孩子的家庭赔付了高额的医药费用，也接受了法律惩戒。孩子背上了沉重的精神负担，内疚、后悔。而这些都不能换来那个摔倒男孩子的健康。那个摔倒的男孩子，从此变成了一个残疾人。

第二件事，山区某学校的一个班级，下课期间，几个男孩子在教室里推推搡搡，座位上一个女孩儿拿着小刀削铅笔，一个男孩子被推了一把，胸口刚好碰到了小刀上。当时是夏天，他穿的衣服很薄，小刀直接扎进男孩子的胸口，鲜血直流，惊慌失措的孩子们不知道怎么办，老师走进教室发现后，立即叫来救护车将男孩子送往医院治疗。小刀扎进了男孩子心脏，最终没有抢救过来，男孩子的生命戛然而止。

这些沉痛的事实让我们反思，以下行为需要我们注意。

（1）搞恶作剧

有的同学坐在座位上，把自己的脚长长地伸出来横在走廊，如果老师或者同学往后退的时候看不见，就会被绊倒而摔在地上，疼痛难忍，严重的会造成骨折，而这名同学则在一旁哈哈大笑。

搞恶作剧换来自己一时的快乐，把自己的快乐建立在别人的痛苦之上，这种人真是没道德，真是令人痛心！他们要为他们的行为付出代价。

有同学认为，这是因为他们纪律性差、法律意识淡薄，不知道这是违反学校纪律、侵害他人生命健康权的行为。而这些行为不仅影响同学的生活成长，他自己也要承担责任，有的受到老师和同学的严厉批评谴责，有的还要受到法律制裁。因此，我们应该增强法律意识，更要遵守纪律规则，不搞恶作剧伤害同学。

大家应该认识到这类行为的严重危害，从自身做起，坚决杜绝这种现象的发生。

记住：遵规守纪记心中，防范意识时时有。

（2）带违禁品进校园

禁止携带违禁物品进入校园，如管制刀具、易燃易爆物品、毒害品、腐蚀性物品、木棒钢丝、螺丝刀、锋利钝器、香烟酒类、打火机、扑克、电吹风、电夹板、烧水棒、热水袋、首饰、化妆用品、小皮包、腰包、挎包、线类织品、高跟鞋、随身听和不健康书刊音像制品等。

有一些物品使用不当可能会直接给自己和同学造成伤害，特别是一些男同学天生喜欢舞刀弄棍，看见真家伙，就想比画两下，结果呢，要么伤着自己或者同学，要么被同学告诉老师而受到批评。同学们辨别是非的能力差，有一些物品会使同学滋生不良习气，有的可能会诱发安全隐患，等等。所以违禁品绝对不能带进校园。

（3）发现安全隐患

我们见到的：由于线路老化，酿成火灾；教室灯具松动，造成不安全事件；墙上的瓷砖脱落可能砸伤同学。

如果发现校园安全隐患，要及时告诉老师，老师会很快处理，避免造成校园伤害事件。

（4）高空抛物

发现有的同学在楼上往下扔东西，既不文明，也有可能砸伤别人。高空抛物行为被认定为刑事犯罪。根据我国目前有关法律文件规定，行为人故意从高空抛弃物品，尚未造成严重后果，但足以危害公共安全的，应以危险方法危害公共安全罪定罪处罚。如果高空抛物行为是为了故意伤害某人，依照故意杀人罪定罪处罚，对多次实施高空抛物行为的犯罪行为人依法从重处罚。

（5）拥堵、上下楼秩序混乱

一些同学进出教室、厕所，或者老师办公室时速度太快，迎面碰上另一个同学，造成伤害。特别是冬天，门上如果挂着厚厚的门帘，你一定要先拉起门帘看看，如果没有人进来，再往外走。千万不可直接往外跑，以免碰伤其他同学。

如果上下楼梯秩序混乱，就会造成拥堵导致踩踏事件；如果有一个同学在楼梯口蹲下身子捡东西或系鞋带，有可能绊倒后边的很多同学，使后面同学压在前边同学身上，造成压伤，甚至窒息，威胁生命。

上下楼梯一定要靠右行。发现上下楼梯不守秩序、拥堵，随意停下弯腰系鞋带的，要主动制止。

记住：上下楼梯守秩序，看见险情告老师。

（6）处理烫伤

同学们做事情一定要小心，万一被烫伤了，一定要迅速去学校医务室，找医生及时处理好，千万不可轻视。

第一步"冲"或"泡"，或者"冲完再泡"：用流动冷水轻轻冲洗伤口30分钟，冷水可以让皮肤表面的热量迅速散去，以降低对深部组织的伤害。如果感觉冲洗时伤口更加疼痛，可减小水流或把伤口持续浸泡在水中30分钟。但对于大面积烧伤患者，特别是小孩和老人，要注意浸泡时间和体温。此外，对于不能浸泡的位置，如面部或私密处，可以用凉毛巾长时间湿敷，直到疼痛缓解。

第二步"脱"：在充分冲洗和浸泡后，在冷水中小心脱去衣物和饰物等。如果伤口比较严重，粘到了衣服上，可以用剪刀轻轻地剪开衣服，千万不要强行剥去，以免弄破水泡。因为水泡表皮在烧伤早期有保护创面的作用，能够减轻疼痛，减少渗出。

第三步"涂"：这个方法只适用小面积的一度和二度烫伤，大面积烫伤和三度烫伤可直接跳到下一步骤！直接用湿润烧伤膏或京万红等烫伤药，轻柔、均匀地涂抹于伤口及其周边皮肤，也可在医生指导下用中药治疗。如果没有烧烫伤药，可以用芦荟汁或蜂蜜涂抹在伤口上代替。不用包扎，暴露疗法对伤口恢复更有好处，能够降低留疤概率。

（7）踩空崴脚、打篮球崴脚

有人说按按揉揉，有人说，拿药油擦擦。到底怎么处理才正确呢？

崴脚后，更多人的第一反应是，赶紧甩一甩、扭一扭踝关节，或者用手按揉。殊不知，这些都是禁忌动作。

崴脚在医学上称为足踝扭伤，以足部强力内翻导致外侧韧带损伤较为常见。若活动或按摩该部位，就会进一步加重内部损伤，使肿胀更明显，不利于恢复。但有些人还会用红花油、活络油、云南白药等药油擦拭踝关节。然而，这类药油常含活血成分，在扭伤早期使用可能加重出血，导致瘀血扩散、组织水肿加重。

更恰当的做法，应该是冷敷。因为冷敷以后，血管收缩，可以减少渗出和出血。24小时内绝对不可以热敷，如果严重的话，48小时内都不可以热敷。每隔2个小时冷敷一次，每次20分钟就行。然后24小时或48小时后再热敷。热敷的目的是让血管扩张，把已经渗出的东西再重新收回。冷敷时把冰袋用毛巾裹起来，冷敷20分钟后撤掉冰袋。要把患肢抬高，这样静脉回流方便。目的还是减轻肿胀。这是崴脚之后第一时间的处理方法。如果遇到其他类型的拉伤，也要注意采用科学的护理方法。切不可盲目处理，导致影响扩大。

记住：烫伤崴脚咱不怕，科学护理真正好。

（8）打架和校园暴力

中学生犹如朝阳，充满了活力，但是，有时候很冲动，为了自己的事情或者朋友的事情喜欢打抱不平，互相争执一番没有结果，便拳脚相加；还有的是因为忌妒心强，看着别人比自己优秀，不虚心学习，反而讽刺、欺负同学而发生打架斗殴。

不管因为什么，打架总会造成很多麻烦，导致双方肢体受伤，甚至残疾，严重的可能导致死亡。打架的同学触犯法律，要受到法律制裁，给家庭造成经济损失，影响家庭和睦，也造成不良社会影响。

对被打的人，造成肢体受伤害，造成严重的心理问题甚至死亡，给国家和社会造成负担。

在现实生活中，中学生之间发生的打架斗殴事件，很多是可以避免的。"忍一时风平浪静，退一步海阔天空。"但就是因为各自的冲动，闹得不可开交，双方都受伤害！不得已，老师把家长请来解决问题。

家长的工作非常繁忙，很多同学的家长身处要职，但不得不停下工作赶来学校解决问题，导致工作秩序混乱，给个人、单位甚至国家和社会都造成很大损失。孩子的事情必须解决，作为监护人不能推卸责任，但付出的代价不可估量。

近几年出现较多的是校园暴力。学校为了杜绝校园暴力，一再强调如有发现恃强凌弱、欺负同学的事情，要及时制止，并在第一时间告诉老师；如果是学生自己受到侵害，一定要冷静处理，留存证据提交老师，采取合理合法的方式解决。

记住：兄弟姐妹手足情，校园暴力须远离。

（9）避免车祸

我们在上下学路上，交通事故时有发生，都是血淋淋的教训。大家一定要注意遵守交通规则，红灯停绿灯行，不抢一秒钟，不拿生命开玩笑。

（10）校园周边的抢劫财物

针对学校周边闲散人员的抢劫财物、人身伤害事件，我们要在事故发生前提高警惕，善于辨别是非，看到情况不妙，立刻离开；不贪图小便宜，不被诱惑；最好三五个人结伴行走。

万一被纠缠遇到侵害，要巧妙周旋，见机行事，记住歹徒特征，积极寻求路人帮助，尽可能减少伤害。

如果在上下学路上遇到了财物被抢或受到人身伤害，一定不要忍气吞声，自认倒霉。要懂得拿起法律武器积极维权，既可以保护自己的合法权益，也能够震慑制裁不法分子，促进社会和谐。

遵守交通规则，遇到生命和财产受到伤害，既要科学防范、减少伤害，也要用法律维权。

记住：守法维权促和谐，路遇坏人巧脱身。

（11）重视紧急疏散演练

几个月前，我市东郊一高层楼房起火，一个六七岁的孩子和她的奶奶成功脱险。这一老一小是怎么成功脱险的呢？原来是这个六七岁的孩子非常冷静，看见险情后，没有惊慌失措。她想起了在学校里演练时老师教的方法，在第一时间和奶奶拿着湿毛巾捂住鼻子，弯着腰迅速从住处下到了一楼。

这件事情告诉我们：从容不迫地应对危险不在于年龄大小，关键在于是否掌握了科学的避险方法。

为什么要拿湿毛巾，还要弯着腰往下跑？湿毛巾捂住口鼻能有效阻断火灾产生的有毒气体、烟灰等通过口鼻进入人体，减少被困人员因为窒息、中毒而造成伤亡。

弯着腰离开是因为有毒气体密度都比较小，会飘浮在空气的上方，氧气会下沉，弯着腰是为了给自己比较多的氧气，不造成窒息。

想想，每次学校在组织安全演练时，你是怎么做的。重视了吗？有没有做得不到位的、需要改进的地方呢？安全无小事，全靠你重视。

记住：疏散演练要重视，不被伤害是智慧。

（12）防控传染病

2019 年底，新冠病毒肆虐，不仅威胁人民群众的生命健康，还给国家各项事业带来了影响。

如今，各项事业已经正常运转，但我们一定要加强防范，要注重教室里空气的流通，打开窗户通风；在出入人员密集的重要区域时，务必全程佩戴口罩，避免近距离接触咳嗽、发热病人。咳嗽和打喷嚏时使用纸巾或屈肘遮掩口鼻，纸巾不能随意丢弃，防止飞沫传播。触碰过书籍后，应当立即洗手，防止病毒传播。大家要勤洗手。除特殊情况外，避免去人员密集场所。如非万不得已，也一定要佩戴 N95 口罩，务必减少人群聚集。如果出现发热、咳嗽、胸闷、乏力等症状，应及时向当地疾控部门报告，在其指导下到指定医疗机构进行排查、诊治。

记住：疫情防控不聚集，通风洗手戴口罩。

……

假如我们失去了生命，自己的父母怎么办，亲人朋友怎么办？没有了生命，美好的梦想怎么实现？生命对于我们只有一次，我们追求知识、追求幸福，没有了生命，一切都是空的。我们想孝敬父母，想回报社会，想作出更大贡献，没有生命，什么也实现不了。

陕西省委、省政府、省教育厅及时召开校园安全专项整顿会议，学习贯彻党中央、国务院关于校园安全的决策部署和认真落实校园安全专项整治工作。会议指出，强化师生为本、生命至上的理念，并强调突出防范重点，在整治校园欺凌和常态化疫情防控等工作上下硬功夫。

感悟：请牢记《生命安全歌》

遵规守纪记心中，防范意识时时有；

上下楼梯守秩序，看见险情告老师；

烫伤崴脚咱不怕，科学护理真正好；

兄弟姐妹手足情，校园暴力须远离；

守法维权促和谐，路遇坏人巧脱身；

疏散演练要重视，不被伤害是智慧；

疫情防控不聚集，通风洗手戴口罩。

生命至上！提高警惕，千万不可因一时头脑发热而做出终身后悔的事情。

59. 公益讲座：最美女孩看过来

在这个充满诗意的美丽春天里，很荣幸站在这里，和最美的你一起参加这个人生中最美丽的节日——女生节！

有一句话叫"女人也顶半边天"。

古今中外，有太多的优秀女性，她们在各个行业都作出了卓越的贡献，一直被人们敬仰、歌颂。最早的那一句"谁说女子不如男"就说明了这一点。想想，从古至今，有驰骋疆场的将士，有运筹帷幄的皇帝、官员，有作出突出贡献的科学家、艺术家、文学家、外交家、政治家、航天员等。这些人，有的救人民于危难之中，有的则为国家赢得荣誉和一枚枚金牌。

这些人令我们骄傲，更令我们欣喜！也让我们有了自信心！

你们一张张春天般美丽的脸庞、幸福愉悦的笑容，让老师也充满了无限的遐想……底下坐的有"科学家""艺术家""政治家""文学家""医学家""教育家"……

青春年少正是大家确定人生目标、树立远大理想的时候，我们的女同学有什么美丽的梦想呢？有唱歌、钢琴、书法、绘画等艺术特长的同学，是不是想做艺术家？有创新意识、创造才能，善于观察、思维缜密的同学，是不是想做科学家呢？有爱心、想帮助人们解除病痛的同学，是不是想做医学家呢？口才好、交际能力强、思辨能力强的同学，是不是想做外交家呢？爱阅读、文采好、善于观察想象的同学，是不是想做文学家呢？中国作协主席就是女性，铁凝。还有人是不是也想做政治家，想做教育家，想做航天员……

每位女性都可以在她们自己的岗位上闪闪发光！

但是，美好梦想的实现，需要付出艰辛的努力！所谓"千里之行，始于足下！"怎样才能使自己的人生充满意义和价值呢？看看需要哪些品质？

花木兰的故事大家都知道，花木兰从小就喜欢习武，长大后女扮男装替父从军，征战沙场。

从花木兰的身上，你看到了哪些优秀品质？如武艺高强、机智勇敢、勇于担当。她为了照顾年迈的父亲和年幼的弟弟，女扮男装，为国家出力，这是非常高尚的品德。

我们虽然不能像花木兰那样，但是可以学好本领，为以后报效祖国做准备；我们应该灵活机智、有责任意识，对自己负责，对家庭和父母负责，积极承担社会责任；我们要关爱亲人和同学，关爱老师和朋友，当他们需要帮助的时候，义无反顾地帮助他们。

现实生活中，我们有时候看到一些自私自利，不惜损害国家利益、损害他人利益的人和事情。不仅给他人和社会带来了负面影响，而且让亲人和朋友感觉到了冷漠与无助，玷污了自己的美好形象，也玷污了自己和集体的形象。

反思自己，有则改之，无则加勉！如果身边有这样的人，一定要提醒他尽快改正。

她是外交部发言人制度建立以来的第五位女发言人——华春莹。

她以"端雅而松弛有度，亲和但不失锐气，从容且自带威严"

的形象气质，折服世人。无数外媒记者对她生畏，对中国生敬。

她在学校的组织能力很强，不仅是班级的团支部书记，而且兼任学生会主席。搞策划，做主持，她样样干得有声有色。1988年，华春莹以全县第一名的成绩考入南京大学英语系。

"做人不能太美国。""中国不欠谁，不求谁，更不怕谁。""谈，大门敞开谈；打，奉陪到底。""中国的目标不是超越美国，而是不断超越自我，成为更好的中国。"

类似的金句还有很多。文而不弱，狠而不露，肃而有趣，反抗强权势力。她不怒自威，不辱使命，有理有据有节，让国人听了大呼过瘾。

有一次，一位学生问华春莹：作为一名外交部发言人，什么是最重要的？她毫不犹豫地说了两个字：爱国。

华春莹始终把国家利益放在第一位，所以她说话更坚定、刚毅，不容置疑。华春莹端庄典雅而张弛有度，亲和但不失锐气，从容且自带威严。这些都是在多年的学习和工作中历练和积淀而成的。

同学们，我们的人生道路才刚刚开始，你有什么想法呢？你觉得每天做白日梦，而不努力奋斗，行不行呢？她的人生道路上有鲜花和掌声，同时也有艰辛、汗水和泪水。你心动了吗？

冬奥会上那个别人家的孩子——谷爱凌。

同学们肯定很羡慕她的成功。你可知道，她训练时付出的艰辛？

网上报道：

18岁的谷爱凌阳光美丽，爱好广泛，跑步、篮球、钢琴、滑雪……她兼顾了运动员、学生、模特等身份，样样成绩都很出色。

无限风光的谷爱凌的笑容背后，有着不为人知的艰辛：她曾在滑雪练习中摔出脑震荡而失忆；她曾在蹦床训练时从3米高处砸在侧边的硬物上久久无法起身；她的锁骨、脚骨和手指等，都曾因滑雪而骨折过……

　　每一项的成功和荣光都不是轻易能获得的，我为谷爱凌的天分、勤奋、坚韧、踏实所折服。

　　谷爱凌认为："做一件事情时百分之百投入，做完以后再换到下一个，不要做一件事情的同时想其他的，可能一天只能做一件事情，但一定要把它做好。"

　　说到这里，想想自己吧。

　　班里总有部分同学的各科成绩优秀，而且多才多艺，是不是天生的呢？绝对不是！你有没有观察过这些优秀的同学，她们身上有哪些好品质呢？

　　安静，她们通常气质娴静，静静地坐在教室里看书、自习，一点不浮躁；爱思考；遇事有主见，思维缜密；爱阅读；做事认真投入，只有全身心地投入其中，才会有更大的成就；谦虚、谨慎、积极主动……

　　同学们正处于人生最美的季节。青年时代，是人生的春天。有理想有梦想，更要有奋力拼搏的准备。看看我们现在都要做好哪些事情呢。

　　（1）读书

　　做一个书香美女。女孩的美是温婉端庄、新锐明媚、优雅脱俗的，这是用书香熏陶出来的美！《中国诗词大会》的主持人董卿、龙洋，诗词大赛的评委老师杨敏、蒙曼，她们气质优雅、谈吐大方得体，因为她们都是爱读书的人。"腹有诗书气自华"，读书可以改变气质，读书使人优雅脱俗，产生一种由内而外的美。

　　书籍是人类进步的阶梯。你有读书的好习惯吗？你读的书是有意义的吗？你是真的在读书吗？教育部门每年向学生推荐许多有益的课外读物，内容丰富、健康向上；魔幻类的书籍只能带给你一时的阅读快感，却毫无营养。有的同学不是在恰当的时间里读书，以致耽误了学业，还执迷不悟。

读书可以开阔视野、陶冶情操、增长见识。陕西作家贾平凹老师说：读书要聚精会神。希望同学们选择适合自己的书籍去读，而且在恰当的时间读书。如果不会选择书籍，就多多请教老师和家长。希望你"腹有诗书气自华"。

（2）勤奋

人常说"勤能补拙"。勤能补拙是良训，一分辛苦一分才。伟大的成功和辛勤的劳动是成正比的，有一分劳动就有一分收获，日积月累，从少到多，就可以创造奇迹。曾国藩说："天下古今之庸人，皆以一惰字致败。"以勤治惰，以勤治庸，不管是修身自律，还是为人处世，一勤天下无难事。班里的学霸们都很勤奋和刻苦，他们下功夫学习的时候，你甚至连想都想不到。实际上他们优秀成绩的背后，是付出的太多太多的艰辛。

（3）谦虚谨慎

谦虚，指的是虚心、不自满、肯接受批评；谨慎，指的是对外界和自己的言行密切注意，以免发生不利或危险的事情。谦虚谨慎就是说要小心认真地做事，避免犯错，同时又能接纳他人的批评。

谦虚使人进步，骄傲使人落后。放空自己，就能吸收到更多新鲜的、更有新意的东西。作业或者试卷中的错误，不管大小，每次都是自己主动改正的吗？还有，看见了他人的优秀，你是不是心动了要开始努力学习？越是有卓越才能的人越是谦逊和蔼、善于听取别人的建议。

（4）积极进取

爱拼才会赢。人生道路不可能一帆风顺，每个人都会遇到阻碍、挫折。但是，我们需要坚强的意志，积极进取，奋力开拓。

古今中外，能在逆境中奋起的仁人志士非常多。中国女排、中国女足的姑娘们和很多做出巨大成就的女士们，身处逆境却不放弃。如"时代楷模"张桂梅，身患多种疾病却没有放弃帮助山区女孩读书。"感动中国2021年度人物"陈贝儿，2021年和团队为拍摄脱贫攻坚纪录片《无穷之路》，深度探访14个曾经极度贫困的地区，冒着生命危险，克服重重困难完成了录制。给陈贝儿的颁奖词：从霓虹灯的丛林中转身，让双脚沾满泥土；从雨林到沙漠，借溜索穿过偏见，用钢梯超越了怀疑。一条无穷之路，向世界传递同胞的笑容，你记录这时代最美的风景。

同学们，你遇到的那些困难、阻碍算什么呢？看了她们的故事，你有没有克服困难的勇气呢？

（5）有家国情怀

> 天下兴亡，匹夫有责。——顾炎武
> 位卑未敢忘忧国。——陆游
> 国家是大家的，爱国是每个人的本分。——陶行知
> 做人最大的事情是什么呢？就是要知道怎样爱国。——孙中山
> 为中华之崛起而读书。——周恩来

爱国思想是一种高尚的道德情怀。有国才有家。在灾难面前，党和国家总是把人民生命和财产安全放到第一位。我们有什么理由不热爱我们的国家呢？爱国，就要积极承担责任，树立远大理想，努力学习，锻炼身体，掌握本领，成为国家栋梁，为祖国的繁荣富强贡献力量。

反思自己，和周围人比，有多少优点和差距，要追求卓越，作出更大的成就和贡献。

冰心在散文集《关于女人》的后记中写道：世界若没有女人，真不知这世界要变成什么样子！我所能想象到的是：世界上若没有女人，这世界至少要失去十分之五的"真"、十分之六的"善"、十分之七的"美"。一起努力，做温婉端庄、新锐明媚、优雅脱俗的最美的女生。

60.公益讲座：最帅男生应该做好的事情

中国男人的形象是怎样的呢？

第一首诗：

狱中题壁

望门投止思张俭，忍死须臾待杜根。

我自横刀向天笑，去留肝胆两昆仑。

这是近代维新派政治家、思想家谭嗣同于光绪二十四年（1898）在狱中所作的一首七言绝句。这首诗的前两句运用张俭和杜根的典故，揭露顽固派的狠毒，表达了对维新派人士的思念和期待。后两句抒发了作者大义凛然、视死如归的雄心壮志。

中国男人是大义凛然、有雄心壮志的。

第二首诗：

过零丁洋

辛苦遭逢起一经，干戈寥落四周星。

山河破碎风飘絮，身世浮沉雨打萍。

惶恐滩头说惶恐，零丁洋里叹零丁。

人生自古谁无死？留取丹心照汗青。

《过零丁洋》是宋代大臣文天祥的诗作。此诗首联，作者回顾平生；颔联、颈联紧承"干戈寥落"，明确表达了作者对局势的认识；尾联是作者对自身命运的一种毫不犹豫的选择。全诗表现了作者慷慨激昂的爱国热情和视死如归的高风亮节，以及舍生取义的人生观，是中华民族传统美德的崇高表现。

中国男人有慷慨激昂的爱国热情和视死如归的高风亮节，以及舍生取义的人生观。

第三首诗：

118

石灰吟

千锤万凿出深山，烈火焚烧若等闲。

粉骨碎身浑不怕，要留清白在人间。

《石灰吟》是明代政治家、文学家于谦创作的一首七言绝句。此诗托物言志，采用象征手法，字面上是咏石灰，实际借物喻人，托物寄怀，表现了诗人高洁的理想。全诗笔法凝练，一气呵成，语言质朴自然，不事雕琢，感染力很强，尤其是作者那积极进取的人生态度和大无畏的凛然正气，给人以启迪和激励。

中国男人有积极进取的人生态度和坚强意志。

还有很多在各行各业作出突出贡献的杰出的男人。

他们凝聚了中华民族传统美德的谦和好礼、诚信知报、精忠报国、克己奉公、修己慎独、见利思义、勤俭廉政、笃实宽厚、勇毅力行等，激励着我们不断进步。

说到这里，同学们，你们是否心动了？你们是否也有过成为他们的美好梦想？你们一张张春天般美丽的脸庞、幸福愉悦的笑容，让老师也充满了无限的遐想……底下坐的有"科学家"，有"艺术家"，有"政治家"，有"文学家"，有"医学家"，有"教育家"……

所以，我们同学们要做到：

（1）读书（略）

（2）勤奋（略）

（3）谦虚谨慎（略）

（4）积极进取（略）

（5）有家国情怀（略）

最后我以《2022 中国诗词大会》第二场的开场"少年"来结束今天的讲座：

可以说，少年是一种精神一种风采，更是一种情怀一种境界。它是"天生我才必有用，千金散尽还复来"的自信。它是"会当凌绝顶，一览众山小"的胸怀。它是"指点江山激扬文字，粪土当年万户侯"的豪迈。它是"天地转，光阴迫，一万年太久，只争朝夕"的使命情怀。

奋斗吧，中国男儿!

前进吧，做真诚宽厚、健壮刚毅、睿智清朗的中国男生。

二、实践感悟

老师的言谈举止时刻影响着学生。精巧设计，打造精彩的课堂，及时反思教学而做出调整……老师的心路历程无不关系着学生的健康成长。

61. 不为分数而教

很多家长给孩子择校首先看学校的升学率。那么，是不是说分数就是唯一的衡量标准呢？一个学校的学生分数高，这个学校的管理肯定很好，学生的整体素质应该不错。

分数的提高，不仅仅依靠简单的训练。影响分数高低的因素有很多。

今天看见了这样一句话："过去的老师为人生而教，今天的老师为分数而教；过去的老师教给学生的是真理，今天的老师教给学生的是敲门砖；过去的老师是人师，今天的老师是书师，或者只是分数师。"

读完，激起心中波澜万千，久久难以平静啊。

能写出这样一段话的笔者肯定没有学过教育学，有些狂妄自大，不知是否已为人父母。

韩愈指出："师者，所以传道、受业、解惑也。"这明确指出了教师的职责，即传授为人之道，传授知识，说得具体些，就是教书育人。"修身齐家治国平天下"的基础就是修身，即加强道德修养，这是众人皆知的道理。

和分数有关系吗？教师，首先作为一名普通的人而生活，接受正规专业教育、通过国家教师资格考核以后才成为教师。进入学校做教师，要拜师学习，更要教学相长，没有哪个教师在学习备课之前先喊"分数万岁"。

我作为一名执教 30 多年的一线教师，想起自己做教师的经历，为此愤愤不平！教师是一种特殊的职业，我不是名人专家，至今只是一名普普通通的教师而已，但也是看着前辈的身影、沿着前辈的足迹成长的。任劳任怨、一丝不苟、兢兢业业、无私奉献……这些词语用在教师身上丝毫不夸大，太真实了！

拖着带病的身体站在三尺讲台激情讲解的，深夜里还在灯下认真批改作业的，放学了还和学生真诚谈心的，半夜里学生没回家被家长电话里询问的，把自己孩子锁在办公室里却给学生上课辅导学习的……做了教师，就把教育融进了自己的生活，融进了自己的生命，痴情于教育教学！

学生是祖国的花朵，是社会的栋梁，是各个岗位的工作者，是明天的参天大树。每天早上，我们伴着黎明最美的朝阳、满怀激情地走进校园，被一声声最温馨的"老师好！"滋润着，在一张张纯洁可爱的笑脸簇拥中走进了教室，开启了忘我地工作。不知不觉中，乌黑的头发被岁月染成了银色，光洁的额头被无情地铺满了皱纹，年轻欢快的脚步慢慢变得稳健而沉重。

不是教师想给学生打分，但哪次选拔最终不是以分数的高低排名确定？这些规则不是教师制定的，更不是教师希望的。教师想给家长满意的教育，想让每个孩子都优秀，都能健康快乐成长啊！

本来是教学相长、亦师亦友的美好状态，本来是传播文明的高尚活动，本来是塑造健康人格的工程，却要用分数划分等级……

"教书是一场盛大的恋爱，你费尽心思爱一群人，结果却只感动了自己；真是学生虐我千百遍，我待学生如初恋。"被误解了无数次，被埋怨了无数次，甚至被欺骗了无数次……

加里宁也说："要知道，教育者影响受教育者的不仅是所教的某些知识，而且有他的行为、生活方式以及对日常现象的态度。"

陈寅恪先生是教师的楷模，他洁身自好，虚怀若谷，潜心治学，提携后进；晚年他眼盲、腿骨折，但依旧一心向学，只为"独立之精神，自由之思想"。

所以，教师若想学生打心眼儿里尊重你，首先必须学富五车，有深厚的学养，口吐莲花，卓然不群。其次就是光风霁月，人格高大，先生之风，山高水长……最后就是老师对真理的求索，对文化传承的担当。

教师的言传身教对学生的影响是巨大而持久的。做了教师，灵魂必须高贵，言谈举止必须规范，心胸必须开阔，知识必须渊博。

不为分数而教。

62. 沸腾的课堂

精彩的课堂能使学生笑容灿烂，身心愉悦。如何给学生呈现一节精彩的道德与法治活动课呢？

今天我们学科组集体备课，所有道德与法治老师都做了反思：我们的课怎么了？地理老师拿着地球仪在课堂上一转，天涯海角都在眼底；生物老师拿着小兔子吸引了班里的所有眼球；历史老师一个历史故事把孩子听得屏住了呼吸。我也思考我的课堂。

学生在课堂上显得很平静，部分学生积极发言，踊跃参加活动，知识竞赛抢答、情景表演、辩论赛组织时气氛尤为热烈。

我们的道德与法治课，内容涉及意识形态的东西，理性思维多。虽然培养情感态度价值观是主要目标，但仍要落实知识点，中考要占80分，分值仅次于语数外。我们的课堂活动包括讲故事、做表演、辩论、知识竞答等，活动新颖，多种多样。

今天上课我组织的"活动课"是通过小组竞赛的形式激发学生的学习积极性。学生在活动中探究，在活动中感悟，互相学习，建构知识体系。

在这节活动课上，我设计了4种形式的趣味活动，分别是：（1）模仿一位老师；（2）深情朗读课本中诗歌《我为少男少女们歌唱》；（3）谈谈为什么喜欢道德与法治课；（4）幸运的孩子收礼物。

几个男生模仿了英语老师，还有模仿我的。学生大大方方的，洒脱，干脆利落，把老师的特点刻画得淋漓尽致，给课堂增添了很多的乐趣！那些被夸大了的特点，使得同学们哄堂大笑！

朗读诗歌时，几个学生读得非常深情，抑扬顿挫，惟妙惟肖，情感渲染恰到好处，被其他同学点赞。

他们说喜欢道德与法治课，是因为讲的是生活中的事情，充满了正能量，从中明白了很多道理，并学会了分析社会现象。

那个幸运的孩子收到的礼物是：我请他吃饭！这样的礼物令所有同学惊喜！

好久了，没看到他们亮晶晶的眼睛，没看到他们灿烂的笑容，没看到他们走上讲台的精彩表演。

在课堂快乐的气氛中完成了一节课。

63. 学会学习

很多学生投入了很多时间，却成绩平平。但总有一些学生轻松付出，却考出了优异的成绩。差别到底在哪里呢？

学生学会学习要把握 3 点：发现并保持对学习的兴趣，掌握科学的学习方法，善于运用不同的学习方式。

第一，培养兴趣。"知之者不如好之者，好之者不如乐之者。"有了学习兴趣，学习就变得很快乐了。学习兴趣与个人的学习目的密切相关，一个有远大志向和学习目标的人，学习兴趣就会浓厚而持久。如果对某些学科暂时不感兴趣，也可以在实践中摸索出恰当的方法，逐渐培养起探究的兴趣。

学习兴趣除了因为学科魅力外，还需要老师激发，需要家长的引导和培养。因为兴趣是最好的老师，有浓厚的兴趣，才能坚持不懈，才能克服困难，收到良好的效果。

第二，学习方法很重要。适合自己的方法就是最好的方法。道德与法治课最典型的方法就是在课堂上专心听讲，理解清楚，及时复习巩固，融会贯通。

不仅要掌握、理解、熟记知识，而且要用所学知识解决生活中的问题，提升自己的核心素养。如果没有理解、储存应有的知识，就无法用知识解决问题，更谈不上情感态度价值观的形成，达不到核心素养的提升。

在教学中，我发现学生课堂上理解掌握知识很全面，但是每周2个课时，课与课间隔时间较长，导致对知识的遗忘很快，三两天后提问时就一知半解了。究其原因，还是复习巩固不到位。

根据艾宾浩斯的遗忘曲线图（如图1所示）得出结论：知识需要及时复习巩固。

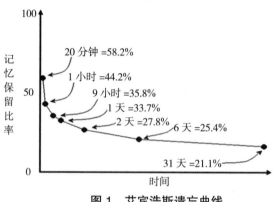

图1　艾宾浩斯遗忘曲线

对学生的方法指导也很重要，而家长的监督更重要。

第三，运用不同的学习方式。比如，可以和同伴相互帮助，在交流切磋中学习，也可以带着问题、猜想或者假设去探究，独立思考、质疑，通过观察、想象、分析、推理等方式学习。

另外，学习的主阵地在课堂。课堂上要认真听讲，做好笔记。"好记性不如烂笔头"，家长和老师应指导孩子做好笔记。

建议这样做：课前，提前分栏和编号。先复习前边的笔记。听课时，按讲课的时间和内容结构，在主栏中记录标题和重点、难点和书上没有的东西。记录时可以使用符号、缩写、列表等方式，要点之间要有留白。当记笔记和听课有冲突时，应以听课为重。课后，要及时补充要点。在副栏中概括学习内容，定期复习。

64. 期中考试之后

为什么总有一些老师的教学成绩遥遥领先呢？这些老师做了什么呢？有没有提高成绩的灵丹妙药呢？

尘埃落定，成绩出来了。

我的辛苦换来了优秀的成绩，那几个学困生的成绩也非常好。我思考着原因——

（1）用心做好日常工作

静下心来做教育，不为日复一日地工作感到单调，把每一天过得精彩些、开心些，这种积极的情绪对身体、对工作都很好。我很喜欢我的工作，认真工作，追求卓越。有错误及时调整，别人的好做法立即学习；做事雷厉风行，喜欢和年轻人一起探究。革命人永远年轻，我每天以饱满的热情投入工作中，把每天的备课、上课、教育反思等认认真真做好，把握好教学的每一个重要环节，并一丝不苟。

在这学期学生报名那一天，我的桌子上堆满了本学期的教辅资料。望着厚厚的一沓书，我的心情凝重了许多，我拿起来一本本翻看着，很快明白了各种书的内容，决定在不同的时间段查阅。

备课前要翻阅的书有助于我组织活动，有些典型的素材就可以借用；习题类书籍较多，我按照题目的特点分为重要的和不重要的并进行排序。其实有一些习题在不同的练习册上重复出现，并没有多大的价值。在很短的时间内，我从心理上彻底突破了如同一座座大山压过来的事情，轻松了很多。

每周只有 2 节道德与法治课，这两节课涉及的知识太多了。备课时捕捉了很多信息，但要巧妙取舍，或者选择最佳时刻给学生呈现。

道德与法治课需要激发学生兴趣，设计各种活动引导学生感悟、探究，而所有的活动必须适合学生的特点。这样就需要多接触学生、了解学生。

一般情况，我先认真阅读教材和教参，确定教学素材和活动，然后结合学生的特点分析素材、挖掘素材，确定好活动的主题，安排活动的过程，并预设可能出现的问题，根据情况思考应对策略。等思路基本成熟后开始做课件，争取每节课都做课件。

七年级学生喜欢生动活泼的画面。为了使他们赏心悦目，我下载了许多 PPT 模板和 PPT 边框备用。做完课件之后，我开始书写教案，继续打造每一个活动，继续挖掘每一个素材，在教案上详细记录。

进课堂犹如登台演出，担心自己忘了哪个环节，或者在哪个环节没有发挥到位。进了课堂，教案就成了摆设，因为教案上的那些东西早已刻进自己的脑子，根本不用边讲课边看教案。

多年的经验练就了自己，当站在三尺讲台的时候，自己就是知识的权威，就是活动的指导者，就是驾驭课堂的指挥者，就是带学生放飞思维的引领者，就是学生展示活动的操纵者。

每次上完课后，如释重负，但是也有了更多的思考。效果怎么样？他们阅读素材领悟到了什么？他们在生活实践中会怎么做？对他们的思想行为有多少促进？哪些地方还需要改进？

（2）在反思中提升

做一名有智慧的老师，才能有更大的收获。智慧不是与生俱来的。人常说"磨难生智慧"，但是有些人也许经历磨难之后会萎靡不振，会退缩，只有善于反思的人，才能从中总结经验教训，才能有更大的突破。

生活的经历需要反思，教学更需要反思。反思自己的态度，反思自己的勤奋，反思自己的课堂，反思自己设计的每一项活动、选择的每一个素材。经过反思查找不足、改进方法，不断提升自己，适应学生的要求和时代的发展。

在考试前 2 个礼拜的课堂上，我果断精减了坚持了 10 多年的课前

"时政播报"环节。将节省下来的 5 分钟用到教学环节，使教学活动更充实，课堂安排更加游刃有余。而对于一些重大的时政要闻，我会根据情况简单讲解，以扩充他们的知识、开阔他们的视野。

本学期的第三周，我做过一次课堂小测验，自己命题、制作试卷。经过测试，发现学生掌握知识比较死板，并不会用知识解决实际问题。所以在后来的课堂上，我尽量激发学生这方面的潜能。很多孩子一点就会，很快就适应了，能力提升很快。

我课前的提问是要记分数的，记录的一次次分数也是我反思教学的依据。所以在期中考试前，分数低的学生就成了个别辅导对象。聆听、学习同组老师的授课之法，也是我反思教学的好机会，他们对素材的处理、对学生的调动、对课堂节奏的把握等，都值得我思考和学习。

本学期的前半学期非常忙，我听了 10 多位老师的讲课，有汇报课，有常规课；年轻老师的课犹如水果，清新自然；资深老师的课犹如美酒，香醇绵长。我学习到很多，感谢每一位老师的精心讲课。

在反思中我找到了自己的不足，学习了别人的优点，也发挥了自己的强项。这样使得自己的工作更加精确高效，自我得以提升。

（3）和班主任配合

我们的班主任都非常给力。他们精心管理班级，学生学风端正、积极阳光、勤奋、遵守纪律、学习积极性高，所以我很受益。

偶尔班里出现的一些异常表现，只要告诉班主任，他们都会尽力做好应对，让我感到非常欣慰。有时，我们会在一起讨论班里的情况，共同出主意解决问题。我们之间相互欣赏、相互帮助、相互扶持，从不掩盖任何教育教学的事情，从学生的表现、家长的重视等多方面、多角度研究学生、指点学生。因为我们一起合作，所以我们收获了共赢，取得了成绩。

打武术操的问题就是学习态度的问题。班主任挑出来的武术操不过关的几个学生也是课堂学困生。和班主任配合，先端正态度，再进行思想上的指导、各个动作上的指点，每一个细节都不放过。

老师的认真执着和一丝不苟，杜绝了学生想钻空子不改错误的坏想法，发现一个，改正一个，不会的来请教老师。后来，下课纠错面批竟成了个别学生的常规事情。我们的办公室就是一个公共活动场所，下课时会站满学生，纠错的，提问题的，还有和老师谈心的。

学生家长来了，我们和班主任一起接待，分头告诉家长，孩子在学校的表现，一起帮助学生改正。而班主任也不会因为道德与法治课是小学科而忽视，他们像对待语数外学科一样悉心配合，从不放过任何错误。

这学期配合班主任，已经和五六个学生家长谈了话，有的还做了记录。一些典型的案例也已经写进我的课题。

（4）唤醒孩子，发挥孩子的学习主体作用

知道"授人以鱼，不如授人以渔"，在实践中真正能做到，这样的老师是值得敬佩的。

新入校的七年级学生在课堂上表现很积极，希望能得到老师的肯定和赞扬！他们很努力，学习劲头很足，很听老师的安排！但是，如果学习生活让他们失望，一次次打击他们，就会伤害他们的自尊心，使他们和老师有了鸿沟、有了距离，甚至产生逆反心理。

学生有的静悄悄坐在那里，有的随便翻看着课本，有的自卑地低下头，不敢看老师的眼睛，有的甚至想逃离那个座位。

孩子们的初衷都是非常美好的，当老师真正走进学生的心灵，真正唤醒了他们后，他们的真诚、他们的勤奋、他们探究知识时的一丝不苟真的能打动你。

课堂不是灌输，是要指点学习方法的，要让学生自主探究、自主学习。运用"引—悟—结"的课堂教学模式，启发学生思考，通过情景表演等活动引导学生感悟、体会；选择故事素材激发情感、播放视频素材全面感悟；等等。

在这样的学习活动中吸收经验、提升情感、构建知识，变被动学习为主动学习、主动探究。指导学生选择适合自己的学习方法轻松学习，比如课前预习、观看新闻联系生活进行思考、做知识小结等等。

另外，要唤醒学生就要尊重学生、鼓励学生、关爱学生。尊重学生会使学生有自信心，自信心是学习的基础。尊重学生，学生才不畏惧，才敢于行动、喜欢学习。尊重学生，会激励学生主动改正错误，越做越好；鼓励学生是给学生希望，也是帮助学生树立自信。鼓励他等于引导他朝着一个目标奋力前进。"爱就一个字，做起来很难。"对学生温柔、温和是爱的表现，严厉、严格也是一种爱，要分清场合和情境。老师的爱真正感化了他、改变了他、使他更加优秀的时候，爱才是真正伟大的爱。

先唤醒学生，才能发挥学生学习的主体作用。

（5）管理好课堂，提升学习效率

课堂是所有学生的，并不是个别优秀生的。管理好课堂不仅指的是课堂上的纪律，更关键的是激发课堂上学生学习的积极性、主动性。我们道德与法治课每周只有 2 节，这两节课要凝聚的东西很多。管理好课堂才能提升学习效率。老师要用自己的魅力和学识驾驭课堂，包括对知识的理解，对重点的突破，语言的特色，素材的运用，情感的激励，对学生的指导，等等。

道德与法治课是一门生活中的课。它一点也不枯燥，它放大了生活的细节，放大了人性，它在传播真善美、鞭笞假恶丑。好的课堂犹如演绎优美的散文，让人情感得以陶冶，境界得以提升，知识得以扩充，能力得以践行，而且快乐多多。要设计这样的课堂，需要不断修炼自己，不断思考社会，不断读书学习。

65. 严格要求

老师提出的要求很完美，不去认真落实，结果是很糟糕的。在组织教学时，必须对学生严格要求，加强管理教育。

满分 100 分的试卷，我要求成绩在 85 分以下的同学整理课堂笔记并上交。三次作业之后，我发现了以下问题。

一是不按时交作业。老师要求交作业时才在上课之余挤时间补作业；有的以没带作业本为由，第二天才交作业。

二是作业潦草、不完整。我叫来学生谈话，引导他们认真完成作业，之后，态度好转，能按时交作业。

三是交了空白作业。我找来学生谈话，有的说没时间，有的说不知道作业，各种不恰当的理由。只能再次教育他们按照老师的要求认真完成作业，对学习应该一丝不苟。

做了思想工作的班级，作业明显改变，是认真的、准确的。他们开始重视作业了，并能主动找老师说明情况，一起解决问题。

我反思出现以上问题的原因，主要在老师。老师要求严格了，他们自然就重视了。严格是通过教育管理实现的，对他们加强管理和教育，才是杜绝不良现象的根本。

66. 考试后的思考

考试是对学习情况的检查。老师要根据情况，分析调整教学。除了做好常规，加强管理，老师的勤奋、敬业、一丝不苟、刻苦、坚持不懈等优秀品质更能感染、影响学生。

"摇一代"[a]的特点如下：学生学习能力弱、学习习惯差。虽然在跟学生的沟通中屡屡碰壁，也曾气馁，但是看到周围的每一位老师都保持敬业的态度，我同样选择了珍惜眼前，并努力打拼！经过半学期的努力，考试

---

a　在 2018 年前本校通过能力测试招生，从 2018 年开始以摇号方式招生，这一届学生被称为"摇一代"。

成绩遥遥领先，有如下几点想和大家分享。

第一，教育引导，端正思想。

思想教育在任何时候都不可缺少。只有从思想上有了高度的、深刻的认识，行动才有改变。思想态度端正，前进方向就更明确。思想上有了凝聚力，前进的步伐就更有力度，步子就更大。

十二三岁的孩子刚刚来到新的环境，多数比较迷茫，并不知道自己应该做什么，怎样做才最好。有部分孩子表现得比较成熟，但有一些是表面现象，需要有正确的思想加以指导。

开课前，进行思想上的教育和引导。具体见我每个课件上的"寄语"和课堂学习过程中的活动设计，从学习、生活的各个方面加以引导。有感恩父母的、有提醒纠错的、有强调学习方法的、有端正学习态度的。

给学生呈现的是生活，实际上却是正确的思想引导。

第二，课堂学习是关键。

道德与法治课只有课堂40分钟时间。从课堂的提问到知识的理解掌握、考前的复习练习、考后的讲评试题，都围绕着能力提升和情感培养。课堂做"满"、做"实"，把他们调动起来，让他们沸腾起来，不让任何一个学生掉队。那些好的学习方法，如科学规划时间、阅读理解概括、及时整理知识等继续运用。

第三，从一点一滴做起。

学生虽然同在一个班级里，但学习情况参差不齐，组织学习活动相当困难。所以，首先要帮他们养成良好的学习习惯，明确课堂要求，如：

其一，预备铃响后，做好课前准备，上课的听讲、看书和记笔记，都不能马虎。一切按规则要求办，谁也不例外。规则明确后，多数学生就会自我约束，慢慢形成习惯。对于个别学生的不良现象，必须批评，而且有惩罚。否则他们可能二次三次旧病重犯。

其二，纠错不马虎。每次考前的课堂练习，在课堂上讲完并纠错，下课前都要收上来查阅，检查他们的练习和纠错是否正确无误，检查他们的课堂学习过程。讲过做过的题不允许再次出错以鞭策他们课堂上要专注、认真。

其三，红蓝章兑现。表现好的奖励红章，表现不好的给蓝章。红章积累到 60 个兑现奖品，即学习用品等，并在学期中间进行红蓝章兑现。多个项目的活动由他们选择。活动充满了偶然性和趣味性，激励他们养成良好习惯。

第四，沟通有技巧。

和家长交流不是告状，而是把孩子的思想和表现、孩子的特点和学习中存在的问题告知家长，请求家长配合，一起解决问题，帮助孩子进步。

其一，将孩子的学习表现、优点，编辑成引导和鼓励性语言发到家长微信群里，提醒家长关注并鼓励孩子坚持。同时，巧妙点拨孩子的不足之处，提出建议，请求家长监督，并提醒孩子调整状态。把当天的知识点整理出来发到家长微信群里，以便学生查漏补缺。

其二，在家长微信群里发光荣榜。把所有孩子的优点写到不同的奖状上面，用激励性的语言予以肯定。家长看到自己的孩子"榜上有名"，心里乐滋滋的，看到孩子的优点，更是重视，看到我提醒注意的，会倍加珍惜，争取改正并做得更好。每个孩子都有优点，家长也可以根据自家孩子的情况，继续培养、发掘其不同的优点。

谈话、言传身教，都会有非常神奇的作用。就像所有优秀的老师一样，用自己的勤奋、敬业、一丝不苟、刻苦、坚持不懈等优秀品质去唤醒、感染、影响学生。

考试前，除了安排的练习之外，我搜集整理出典型问题加强训练，提升学生的阅读素材、灵活变通和综合分析能力。虽然自己的备课量变大了，但是学生却受益很多。

当然，还有很多不足，比如，有些学生学习的坚持力不够，遇到困难敷衍塞责，一些学生经常出现懒惰思想等，有待继续跟踪调整。

67. 及时调整

教育不是灌输，更不是强迫。吹开他们心头的花朵，散发着阵阵花香，招引着蜂蝶环绕，描绘一幅美丽的图画，诗情画意，才是最美妙的教育。

虽然是周末，在家里一个人静静地坐在桌子前，心里还是想着他们。我的那些小独角兽们！

昨天上完课，我一直期待他们交来纠错让我检查！仍有十来个学生的纠错没有送来。是不是他们心里有抵触情绪？

事情是这样的：上完课，我在课间10分钟翻阅了他们的作业，发现有十来个学生有错误，立即点名批评，要求学生改错。

当时他们正沉浸在课间休息的欢乐之中。我的点名犹如一颗"炸弹"，使他们心情低落，快乐全无。

我成了今天最令人讨厌的人！虽然我牺牲了自己的休息时间，无私奉献，但是学生不情愿！

是不是他们心里这么想：课间休息只有10分钟，多么宝贵啊！要说悄悄话，要谈新鲜事，要释放激情，要做很多有趣的动作。老师啊！您怎么能在这个时候剥夺我们的快乐呢？

挤出时间，聆听了专家精彩报告，学习之中，我在领悟教育的真谛！反思自己的工作，我犯了一个大错误：驱使他们做不愿意做的事情，无法吹开心头那朵美丽的花儿。

应该唤醒他们纠错的热情。如果一味地谈论快要期末考试了，应该抓紧时间投入学习，估计学生照样反感！整天学习，繁重的学习任务压得他们喘不过气，他们想逃避。他们希望忘记考试，老师怎么能整天把考试挂在嘴边呢？

及时纠错就可以上光荣榜，是前几天激发学习动力的好方法。上过几次光荣榜了，今天不想上了，厌倦了；奖励吧，好像什么东西也不稀罕了。

他们需要什么呢？我从昨天到今天一直在想。

十二三岁的学生渐渐进入了青春期。"男生、女生"依旧是他们感兴趣的话题。耳边常听到有小学生传出来的"歪话"："一年级的美女二年级的追，三年级的美女有人陪，四年级的情书到处飞，五六年级的鸳鸯一对对儿……"到了中学，更是常听到孩子们谈论男生女生，这时常让我担忧。我想我应该细细规划一下，利用他们感兴趣的话题激发他们学习的热情，同时进行正面引导。

先组织一次吐槽。课前 10 分钟，以别人的口气吐槽道德与法治课学习规则。

制作记录本。学生名单按男生女生性别分类排序，分数从高到低列出来。男生号码和女生号码成为临时搭子，互相帮助结对子检查知识点和学习情况。

每次提问全部满分计 100 分，即男生奖励 100 分，女生奖励 100 分，没有得满分男生或几个女生扣几分。胜负决出后，由失败方写一段赞美获胜方的话作为评语，老师也要写一段赞美获胜方的话，记录并定期把赞语发到家长微信群里。

五次记录后，重新排列名次。凡是被扣分的学生往后排，男生和女生临时搭子号码发生变化。

男生和女生的话题是这个年龄段学生非常感兴趣的话题之一。这种活动机制很新颖，他们都很感兴趣，所以实施起来，不仅关注度高，而且兴趣浓厚、竞争激烈。

68. 不会回答问题

经常听一些家长说，孩子记住的知识点很多，自己觉得都会了，但是考完试后分数却不高。翻开卷子一看，丢分的地方很多。自己认为对的，却并没得上分数。什么原因呢？

这门课的评价有很多方式，中考是看一套试题的得分情况。家长和学生自然更重视分数。怎样能得到高分呢？

（1）理解知识是前提

教材每一课的段落不多，每一段叙述言简意赅，但是联系社会生活和人生经验，却有着深刻内涵。教师备课时从短短的句子和段落中发掘出许多信息，借助其他素材来讲解，帮助学生感悟、体会和建构自己的知识体系。

备课时选择素材要新颖、具有时代性，语言要富有感染力、鼓动性。导课要自然流畅有吸引力，教学活动须灵活多样。要和学生互动，帮助学生搭建知识框架，设计课堂练习，等等。我们每节课都要做精美课件辅助教学。

但是，有一些家长和学生认为这门课记记背背就行了，课堂上不怎么专注认真，理解得比较肤浅；课下也不及时巩固，导致课堂上掌握的知识迅速忘记。考试前临时突击，以为自己背过了就能考出高分，其实不然。

学习任何知识都需要理解，囫囵吞枣不求理解根本不行。课本中的段落只有短短几句，比较好记住，但是里边蕴含的道理很深奥，往往简单几个字是说不完的。

根据不同的设问，回答时必须有所取舍，灵活变通，问什么答什么。

不会回答问题，可能因为没有正确理解设问，也可能对知识掌握含糊；答案没得到分数，可能回答错了，也可能回答偏了；看不懂问题，按照自己已有的经验回答，往往也得不到分数。

时代在发展，知识更新快，自己的经验是有限的，不一定正确。学生抱怨自己记熟背熟的东西不会用，就是因为平时没有认真理解。

学生经历的书面考试多是借助平时理解积累的知识和经验去分析问题，做出判断和选择。理解得深刻，对问题的把握才能深入浅出，对于专家命题挖的"坑坑"才能游刃有余、轻松应对。

经过认真理解而掌握知识的学生选择题基本不丢分，非选择题也是接近满分。但那些不求甚解、光是死记硬背的同学，背得头昏脑胀，却并未发现各个问题之间的细微不同，选择题错得一塌糊涂，非选择题答非所问，背的东西不知如何运用！

平时理解很重要。要想全面、系统地理解知识，必须认真听课，帮助自己理解。课堂学习是最重要的学习环节。我们这门课每周只有2个课时，老师精心备课，将很多信息浓缩进每一节课里。只有跟着老师的提示和引导一起探究，才能深刻理解教材，融会贯通，掌握知识。

除了认真听课，还要善于思考，就是将老师课堂上拓展的内容相互联系、想象、比较。找出各个素材的不同特点，拓展所学知识观点的内涵和外延。只有通过深刻思考才能真正理解知识。理解了就能讲出道理，就能在生活中践行，真正指导自己的思想和行为。

单凭自己简单记背一句话，肤浅理解表面意思，干不了什么。

理解知识，还要注意在听课的同时阅读课文，并及时记录重点。课堂上的复习巩固练习也是促进知识理解，应该重视。

道德与法治课涉及的是生活中的问题，如果没有理解，是无法指导自己思想和行为的，是考不出高分数的。

理解知识是前提，切忌死记硬背！

（2）掌握基本方法与技巧

很多道德与法治成绩好的同学介绍自己经验时都强调了学习方法和答题技巧。课堂学习固然重要，却也需要及时复习和巩固。这门课不需要在题海里遨游，也没有时间去做很多习题。

那么，该怎么办呢？建议学生做思维导图，把各个知识点串联起来。

有时候需要将思维导图在本子上画出来，有时候需要在脑海里再现一遍，这样，知识间的联系就清晰明了了。可以根据单元、章节和每一课、每一目的联系做知识框架图，也可以把知识串联起来，进行梳理。有些同学善于把知识变通为"是什么""为什么""怎么办"的形式理解，有的同学善于做知识小结，归纳总结知识。

这些方法都能促使自己更加系统、全面地巩固知识，以应对考试过程中的各个问题。平时做起来占用时间也不多。

想考出高分数，积累知识很关键，但也是有技巧的。有些学生看不懂问题，不知答什么好，一是自己没有积累知识，二是没掌握技巧。

不管是选择题还是非选择题，读题的时候，都要在脑海里寻找相关信息点，即所学知识的关键词。

读素材理解内容，联系信息点和关键词展开想象，结合自己建构的知识、已经形成的价值观念和生活经验做出正确判断。

单项选择题里有 3 个错误项，有的与题干没有联系，有的叙述有错误，有的说法太绝对，有的含含糊糊、有细节错误。学生一定要灵活机智、冷静思考、细心判断。

在实际操作中，有的学生是把一个关键的词语看错了，有的是把选择的要求搞反了，有的是把问题理解错了，有的是没有积累知识不会选择。选择题通常每道题 3 分，错 2 道题就丢掉 6 分，错不起。

对于非选择题，仍然需要认真阅读素材寻找信息点，即关键词。要研究设问，现在试题的设问不再是简单的"是什么""为什么""怎么办"，一般很隐晦，或者有几个条件限定。如果不冷静思考，真的会答偏、答错。

在设问中标记关键词非常有必要。标记关键词，钻研设问，将设问变通为关键词的"3W"问题（是什么、为什么、怎么办），联系所学内容做出判断，然后按要求合理叙述。

在非选择题中，素材设问是相互有关联的。一定要读懂每个设问的主旨，有目的地作答，灵活取舍，答案最好用序号标记出来。

对于不同的设问，作答有不同的要求。启示类问题，一定要多角度思考，如思想上的启示、行动上的启示等；分析、评析、辨析类问题，要先判断，表明自己观点，然后分析原因、陈述做法；回答素材体现课本观点的问题，一定要结合知识观点叙述，表达尽量接近教材；问自己看法、做法的问题，一定要结合所学知识点阐述，并从多个角度突破。

阐述意义的，一般用上"有利于"或者"促进了""提升了""改变了"等词语；问原因的，回答时用上"因为"；提建议的问题，作答时要说清楚给谁的建议，建议的具体做法是什么。

好的学习方法可以事半功倍，有技巧可以避免失误，提高效率。掌握基本方法与技巧很重要。

（3）提升能力，培养品质

道德与法治课和其他课的学习有着不同要求。感悟知识、形成思维、指导实践是最主要的特点。

知识的建构不能强行灌输，需要通过激励、感染启发心灵，使学生感悟、体会，在潜移默化中形成共识，从而建构自己的价值观念和是非标准。

成绩好的同学都注重提升自己的学习能力，首先要具有良好的阅读概括能力。这门课就是生活中的课，是指导学生如何做人、如何处理与他人的关系、如何调整自己情绪和应对社会问题的课。而试卷考核的素材也都来自生活，对素材的阅读和理解很关键。

阅读时，注意力要集中，厘清时间、地点、人物、事件、经过、结果。有的素材不一定有 6 个要素，但关键要素总是很明显的。厘清了思路，剩下就是要看和课本知识联系的信息点是什么了。阅读的时候，标记关键词可以帮助理解。

研究设问首先需要较强的阅读概括能力，概括出设问的针对性和限定要求。阅读概括能力很重要，需要在实践中不断提升。

其次，需要提升思考归纳能力。这一点主要体现在学习积累上。上课的时候，老师会通过列举很多案例和素材说明一个问题，帮助学生构建知识体系，最终培养其思考归纳能力。

有些学生往往顾此失彼，抓不住本质，脑子里头绪太多，知识没有体系化。针对这种情况，需要在平时学习时，激励学生思考归纳，用一个词语或者一句话记录要点。这种思考归纳能力，能够帮助学生迅速厘清素材。所以，提升思考归纳能力，在平时学习和应对考试时都很重要。

再次，需要提升灵活变通能力。知识不要学得太死，要善于多角度思考，拓展自己的思维。表明观点可以先总说后分说；可以正面叙述，也可以反面说明；可以直说，也可以列举事例；隐晦的问题，可以变通为通俗易懂的问题去阐述；复杂的句子，试着去掉修饰语再理解。灵活变通可以帮助学生应对很多问题。

最后，还需要培养认真细心的品质。保持平和心态，认真细心阅读、思考、做答案。处处提醒自己，时时反思自己，从细微之处慢慢养成。考完试以后，老听到学生抱怨自己，我怎么忘记了，我把简单问题搞错了，我写反了……由于不认真细心，造成的失误很多。

听课需要认真细心，积累巩固知识需要认真细心，考试更需要认真细心。认真细心从自己懂事的时候就被强调、被叮嘱，在成长的过程中依然是必须重视的品质。

想考出高分数，需要提升的能力和培养的品质还有许多，我们在学习实践中应该勤于反思并高度重视。向优秀学习，听老师引导，坚持不懈，一定会越来越卓越！

69. 几点思考

课堂教学模式的作用有多大呢？

"引—悟—结"课堂教学模式是我在道德与法治课堂一直运用的教学模式。近几年来，也成为我们参与的省级研究课题，老师们做了进一步的探究和拓新，有了丰硕成果。这种课堂教学模式有如下优势。

第一，有利于学生自主探究部编教材。

借助素材提出问题，结合素材和学生已经形成的经验思考问题，从而得出结论。这种课堂教学模式层次清楚，设计问题环环相扣。"引—悟—结"的探究过程使学生的思考有理有据，结论也水到渠成。

问题针对素材而定，有利于学生感悟和探究。生动典型的素材更能激发学生的思考和探究，对于知识的迁移有很大的作用。有利于自主学习。

第二，激发了学习兴趣。

"引—悟—结"模式比较新颖，也符合学生的认知特点，学生喜欢。因为喜欢，所以兴趣浓厚。他们往往对课件上醒目的"引""悟""结"更加关注，会由此产生更多的对于该课堂的兴趣。

"引"需要素材作为载体，所以，课堂上会有更加有血有肉的鲜活的素材，如故事、视频、诗歌、名言、漫画，有时候是一场活动，一个表演等。这些丰富的教学资源进入了课堂活动，使得课堂丰富多彩，极大地激发了学生学习的兴趣。

"悟"是通过老师设计的问题实现的，问题的切入点很重要。是对学生的引领和提升。高尚情操的培养由"悟"开始，美好的理想由"悟"奠基，优秀的品德由"悟"养成。

"结"就是把所悟的问题提升和总结出来。在学生的分析探究和老师的点拨之下总结的观点，总是熠熠闪光，犹如茫茫大海中的一盏明灯指明了学生前进的方向。

第三，提高了学习效率。

"引—悟—结"课堂教学模式使学生的思维在发散中有所约束，"形散神不散"，使知识的形成、能力的提升和情感态度价值观的培养张弛有度，总能形成教学目标期望的成果。这种模式形成之后，学生分析社会问题有了经验和方法。模式犹如提纲，对学生是一种指引。

第四，渲染了道德与法治课堂文化。

以前有人说起道德与法治课，总是和枯燥的"政治"相关联。但是这种"引—悟—结"课堂模式改变了人们以往的认识。道德与法治课不再枯燥，是充满人文性的，是生动、有趣的探究过程。

在课堂中使用"引—悟—结"模式，使得教学实现了由感性到理性的飞跃。内化了的"引—悟—结"模式，有一种艺术之美，似有似无，却有神奇的效果，增添了课堂文化内涵。

第五，促进了教师的学习和创新。

教师要用好这种模式，就必须与时俱进，不断学习。平时多读书，不断扩充自己的知识，经常参加各种实践活动，丰富自己的生活感悟。了解时事新闻，掌握社会动态和热点焦点，及时更新自己储存的知识和信息。同时，要不断学习和研读新的教学理念和方法，不断改进自己的教学水平。只有这样，才能使这种模式不断焕发青春活力，促进教师的学习和创新。

"引—悟—结"的课堂教学模式有很多优点，需要在以后的课堂教学中继续实践和创新。相信，这种教学模式会更加适应新的课堂教学，一定能为提升学生核心素养提供更多的机会，也能使我们的教育教学收获更大的成绩。

70. 做好常规

陪伴他们犹如站在山脚下仰望目标，必须鼓足勇气、意志坚定、勤奋执着、克服困难，不屈不挠向前走！我们不仅要"撸起袖子加油干"，而且要明白"幸福是奋斗来的"，坚信"成绩是干出来的"。

摇号入学的初中生，经过一年的历练，已经有了很大的变化。

第一，学生越来越好。比起初入学时，学生懂规矩、纪律好，学习氛围浓厚。谦虚、不嚣张。预备铃声响起后能迅速进入教室做准备，迅速进入学习状态，习惯较好；大多养成了认真、细心等品质，学习知识很扎实、一丝不苟、书写工整；学会了感恩，对老师很尊重。能理解老师的良苦用心，并能积极做好配合。

第二，学生测评，满意率保持在九十七八分以上。成绩不错，但有提升空间。学生能深刻反思，并积极纠错。

面对"摇一代"，需要老师更勤奋地工作，更认真地付出，更无私地奉献。

当年我加入中国共产党这个先进组织的时候，就是看到我周围的党员老师耐心、认真、敬业，无是无非，默默无闻地干工作。我敬佩这些党员老师，我真诚地递交了我的入党申请书。经过做班主任、带毕业班的锻炼，再加上我优异的工作业绩，我才被吸收接纳成为一名中国共产党党员。这么多年，我紧跟党组织，一直保持对教师工作的热情，早来晚走，用日常工作的点点滴滴践行党员教师职责！本学期承担了七、八年级道德与法治课和两个年级时事演讲艺术社团的工作。

要想有好成绩，就要从五个方面入手。

一得备好课。钻研教材吃透教材；翻阅教辅查找有价值的素材；研究学生，激励、指引、疏导。不仅以生动图片和视频扩充知识和激发兴趣，而且坚持每一节课做PPT，给学生呈现新颖活泼的教学案例、思维严谨的知识结构、简洁明了的知识框架、典型实用的课堂练习。

二得抓课堂。坚持激发兴趣、自主探究的理念，促使学生感悟、体验、积累。坚持课前提问检查巩固知识，及时总结知识框架、梳理知识，运用知识分析解决生活中的问题，培养优秀品质道德素养，等等。课堂40分钟的精彩，都取决于课前的精心准备！

三得科学管理课堂。初中阶段的教学管理尤为重要，特别是我们这些以前习惯较差、基础较弱的学生。

其一是课堂管理。我从第一节课就强调道德与法治课堂学习的"三步走"：导课前，复习知识，等待提问；课堂专心听讲，理解建构知识体系；下课前，小结巩固知识。

其二是管理好每个单元的复习课，主要是梳理回顾知识，强化训练。我一般在课堂上讲完要求，学生在试卷上做完、纠错完，下课及时收走。

四得考前全面复习，查漏补缺。根据备课组的安排做好单元双基训练卷和期中模拟试题。夯实基础，点拨思路。两套试题基本上能概括各种题型和思维特点。经过练习、讲解、纠错，基本能提升学生的阅读概括能力、分析变通能力、综合运用解决问题能力以及多角度思考问题等能力。

五得激励、奖励、鼓励学生。激励这些学习习惯比较差、能力较弱的学生不被困难吞噬，激发昂扬斗志，更刻苦、更勤奋、更积极阳光面对学习中的困难和快节奏的学习。奖励学生，不仅利用一张张醒目的奖状，还特意自费给学生奖励小食品，让他们嘴里有甜甜的味道，脸上有甜甜的笑容，心里乐得像花朵绽放！给学生学习生活添些幸福的感觉！只要经常鼓励和点拨，是可以发掘很多潜力的！

开学初我曾勉励自己说：陪伴他们犹如站在山脚下仰望目标，必须鼓足勇气、意志坚定、勤奋执着、克服困难，不屈不挠向前走！

我们不仅要"撸起袖子加油干"，而且要明白"幸福是奋斗出来的"，坚信"成绩是干出来的"。

作家冰心说过：成功的花，人们只惊羡她现时的明艳！然而当初的芽儿却浸透了奋斗的泪泉，洒遍了牺牲的血雨！

71. 听报告后的启示

百年大计，教育为本；教育大计，教师为本；师兴，则教育兴；兴国必先强师。教师承担着传播思想、传播知识、传播真理的历史使命，肩负着塑造灵魂、塑造生命、塑造人的时代重任，是教育发展的第一资源，是国家富强、民族振兴、人民幸福的重要基石。

3 月 18 日，我有幸聆听了省里专家报告，对我印象最深和启发最大的是夏老师的讲话。最后重申了道德与法治教师必须具备的素质。

给教师的建议：百年大计，教育为本；教育大计，教师为本。师兴，则教育兴。兴国必先强师；教师承担着传播思想、传播知识、传播真理的历史使命，肩负着塑造灵魂、塑造生命、塑造人的时代重任，是教育发展的第一资源。是国家富强、民族振兴、人民幸福的重要基石。

道德与法治课教师必须树立的几个意识：课程意识，包括课程目标、课程地位、课程理念、课程性质；政治意识，包括社会主义核心价值观、政治觉悟、重大新闻。

道德与法治课教师应提升专业素养：要学习，要研究，要实践。

道德与法治课教师学习的内容包括最新观点、专业知识、新教材、教育心理学。

道德与法治课教师研究的方向包括《中考说明》、教材教法、中考试题、学生。

切记，在课堂和教学上：

（1）不要一言堂，要组织活动；从不同的角度分析问题；考虑哪些观点学生可以接受。

（2）老师要加强对传统文化的学习。

（3）教材不要死记硬背，要加强理解。

（4）依据教材、概括教材。设问要精确。

（5）增强学生的生活体验，培养情感，从教材中走出来。

（6）要有较强的表达能力。

……

根据《义务教育道德与法治课程标准（2022 年版）》和教材的规定，结合能力目标的要求，从平时的授课中点滴渗透。

72. 我和书的故事
——《吹开心头花朵》新书发布之感悟

这是我在第一部教育教学著作《吹开心头花朵》一书新售发布会上的报告。报告内容真实，故事生动，赢得了专家一致好评，对学生成长也非常有启发。

报告如下：

（读诗：）

村居

[清] 高鼎

草长莺飞二月天，拂堤杨柳醉春烟。

儿童散学归来早，忙趁东风放纸鸢。

垂柳丝丝，暖风如剪刀，裁出诗意满画楼。春色犹浅，黄鹂飞在翠柳枝头，梨花带雨，落絮纷纷。在 2 月草长莺飞的美丽季节里，我们相遇于此。

非常感谢大家和我一起分享这本书。是分享会，也是因为你们、我们已经很久没有见面了。天天都急匆匆地往前赶，是苦，是累，更是幸福！就像此刻，你我在这恰当的时刻能够对视，感觉很幸福！我想把我的一些想法和各位分享。

首先，写书和出书：我开始写的时候，是一篇一篇地写，并不知道它最终是怎样一本书，只是把自己想的东西用文字记录下来。写好，就放到那里了。最后，它就成了这本书《吹开心头花朵》。

使它成为一本书，也是在我参加文学研究院的活动中得到的启示。那一年举行了"贾平凹邀您共读书走进棣花镇"活动，正值放暑假，我跟作协的朋友聊天，得到了这个信息，自己就报了名。

棣花镇，那是贾平凹老师的故乡，古朴肃穆，人杰地灵。难忘那一条蜿蜒的青石街道，难忘那一片碧绿的荷塘，难忘养育贾老师的那幢房子，还有那一块耀眼的"丑石"。

那次在车上组织的活动是名家讲贾老师的故事，他们一个接一个深情地讲，娓娓动听。从那些故事中，我了解了贾老师的很多事情，心里更加敬佩这位大师。在那天晚上的联欢会上，我很荣幸地朗读了贾老师的一首描写陕北黄土高原的诗，贾老师和省作协的重要领导出席了晚会。在杨莹老师的帮助下，我和贾老师照了平生的第一张合影。当时的我真是很激动。就在那次活动中，我产生了出版文集专著的想法。

我开通博客已有 20 多年，里边有散文、诗歌，还有我教育教学的心得体会、课题的部分资料。很快，我整理了我博客中的文本资料，教育教学部分竟有 40 多万字！我删减、略作修改，但不知道接下来应该怎么办。

过了一段时间，我们学校聘请知名教授陕西师范大学的赵克礼老师作报告。听完报告，我的心里又有了一种出版专著的冲动。我特意记下了赵老师的联系方式。等我和赵老师沟通之后，我把我的文稿让赵老师看了一遍。赵老师出过很多书，在出书方面他很有经验，赵老师说我的这些文稿可以出一本书。

之后，我又和几位作家联系，了解了出书的程序。历时 2 年，终于出版了。

在此，非常感谢在这个过程中帮助过我的所有朋友。

其次，书的结构。我的书分为五章，即"赢在起点""精彩制胜""聚焦课堂""学海无涯""教学漫谈"。

书的内容是我多年的教育教学反思、课题的资料，等等。"赢在起点"是从我做课题"道德与法治课堂教学导课"研究的资料提炼而成；"精彩制胜"是从我做课题"道德与法治课堂素材选取"研究的资料提炼而成；"聚焦课堂"部分是我整理多年的课堂教学反思而成；"学海无涯"是我在高新一中多年来听各种公开课后的反思的一部分；"教学漫谈"是从我每学期撰写的教育教学论文中挑选出来的获奖论文，学校规定每学期每位老

148

师至少写一篇教育教学论文并参评。

每一篇，都凝聚了我对教育教学的深刻思考。也正是在反思教学、钻研课题的过程中，我领悟着教育的真谛。"教育是一朵云推动另一朵云，一棵树摇动另一棵树，一个灵魂唤醒另一个灵魂。"教育是要用爱唤醒、用爱呵护的。

我今天讲的主题就是"唤醒与呵护——《吹开心头花朵》之感悟"，用爱心唤醒和呵护孩子的老师一定是一位好老师。

第一，成长离不开学习。

第120页，书中第四章"学海无涯"的引语，有这样几句话："时代的发展和社会的进步对我们有了更高的要求。我们需要学习，既学习知识，又学习技能；既学习历史，又学习现实；既学习自然科学，又学习人文科学；既向书本学习，又向实践学习。学习是没有尽头的。"

其一，参加培训机构的学习。教学10多年后，我再学教育学、心理学；重温外语，考教育硕士；参加西北大学硕士研究生学习；自己找班参加计算机信息技术学习；参加专家讲座提升自己；研究课题。

周末是休息的时间，我却自己报班参加学习。因为孩子周末也上课，与其我自己待在家里还不如去拓展知识。时间真的都是挤出来的。寒冷的冬天，当别人还在暖暖的被窝里的时候，我就早早起床，冒着大雪出门。看书的时候，看到的是别人的故事，很快就在自己身上上演了。雪大路滑，自己跌倒了，爬起来继续走。那时候怎么会有那么大的劲头去学习，回想起来，为自己感动。走路跌倒了，可能会被嘲笑。但当我跌倒后，根本看不见周围的嘲笑，只看到自己艰难地爬起来继续往前走。

孩子当时在西安音乐学院跟随呼延梅文老师学琴，一次学2个小时，我得把孩子送过去。2个小时的时间不能浪费了。我在她学琴的地方附近找了一家补习英语的培训机构学习英语。当报上名之后，我喜悦的心情真是无法形容——我学习英语了！偶尔孩子不用练琴的时候，我就把孩子顺路带到附近的省图书大厦儿童阅读的地方，她看书学习，我继续听课去。真的像是在演戏一样，但都是我的经历。

还有，当时学校有一部分学生上晚自习。我是负责晚自习的老师。备完课后，我就把从图书室借来的教育教学刊物一篇一篇地阅读完。当时我的孩子学习已经不需要我辅导，我周一到周四的晚上都在学校里一边看晚自习一边学习。因为学校里的氛围更适合学习，我也比别人多下了些功夫。

其二，在阅读和听课中学习。阅读是最幸福的学习过程。我们家 140 多平方米的房子，有 6 个书柜，上边层层叠叠摆满了书籍。有的书被我翻了好几遍。

刚到高新一中那年，我在学校图书室的书架上发现了一本书，名字叫《商旅生涯不是梦》。一口气看了 2 遍，并不是我对做生意感兴趣，而是被书中的主人公坚韧不拔、克服困难的坚强意志所打动。是的，只有跨过千难万险，历尽千辛万苦，适应世间千变万化，才能成为人中的强者、勇者、智者，才能圆自己的幸福美梦。

"学海无涯"中第 159 页："作者似乎在讲生财之道，实际上是讲做人之法。他用独特的语言对世道、人性做思考。有些读者希望从书中找到靠 50 元港币成为亿万富翁的途径和诀窍；有些读者想从中找到走出绝境的秘诀。但作者要告诉人们的是做人的美德：勤俭节约、慷慨大度、拼搏进取、好学求新、脚踏实地、眼界开阔等。"

如果不读书学习，我的人生肯定是迷茫的。阅读是非常幸福的事情，阅读可以使人忘记烦恼，阅读似乎是在和作者对话，阅读能领悟到更多的真善美，阅读能使人更有内涵，阅读可以改变人的气质，阅读是女士最好的美容品。

第 121 页，有一篇标题为《聚焦课堂，新课程研讨》的学习心得，是我辛辛苦苦去听高中部一位语文老师和上海专家的授课和指导后，从中获得的启示。我写道：通过听课，我不仅积累了课堂经验，还解决了我在教学中的一些困惑，感受到了他们的热情。佩服他们的精明与干练——学习是无边界的。

其三，高人指点下的学习。学习也离不开高人的指点。我的父亲很平凡，但是我很佩服他，他不仅阅历丰富，而且知识渊博。他古稀之年仍然笔耕不辍，非常勤劳！诗书、字画都擅长。他是一位非常喜欢读书的人，他有很多出类拔萃的朋友。那一年，他的一位朋友见了我，对我说道："平时做好记录。动动笔，把自己的感悟写出来，把自己读书、做事的想法写出来很锻炼人。"

有一位老人的故事很感人。特殊时期他遭到迫害，无奈和爱妻离婚。自己的骨肉不能跟着自己，只能交给妻子抚养。因为自己"政治上有污点"，在那种异常的环境里，老人经历了非人的折磨。好在老人挺过来了，自然有了深刻的人生感悟。我见到他时，只感觉到一股积极阳光的力量。

后来，前妻终于找到了他，但是看到的是再婚的场面，前妻含泪离去。前妻不辜负老人的期望，把他们的儿子教育成人。再后来，他们的儿子成了省里的一位重要领导。

我听了这位高人的指点，养成了动笔写作的好习惯。这也是学习的一种形式。

学习使我改变了很多。教师是要教书育人的，各种形式的学习不仅扩充了我的知识，而且提升了我的教育教学能力，还提升了我的道德修养和为人处世的经验。教师要传授知识，同时要用人格影响学生。工作后的读书、学习变成了业余学习。我的主要任务是工作，是教育教学。教育教学是一种教学相长的学习。

第二，反思。

其一，反思就是反过来思考，即思考已经过去的事情，从中得到经验教训。

有这样一个故事：一个木匠做得一手好门。他给自己家做了一扇门，他认为这扇门用料实在，做工精良，一定会经久耐用。

过了一段时间，门的钉子锈了，掉下一块板，木匠找出一颗钉子补上木板，门又完好如初。不久后又掉了一颗钉子，木匠就又换上一颗钉子。后来，有一块板坏了，木匠就找出一块板换上。再后来，门闩坏了，木匠换了一个门闩……

这扇门虽无数次破损，但经过木匠的精心修理，仍坚固耐用。木匠对此甚是自豪：多亏有了这门手艺，不然门坏了还不知如何是好。

忽然有一天，邻居对他说："你是木匠，你看看你家这门！"木匠仔细一看，才发觉邻居家的门一扇扇样式新颖、质地优良，而自己家的门又老又破，满是补丁。

木匠明白了，是自己的手艺阻碍了自家"门"的发展。

反思了什么？学一门手艺很重要，但换一种思维更重要。行业上的造诣是一笔财富，但也是"一扇门"，会关住自己。面对全新的世界，要有勇气、有决心打破关住自己的这扇"无形门"，及时反思和提升自己的"手艺"，这样才能看到外面更多美丽的风景。

反思很重要，反思可以使人更新自己的思维。

其二，"生于忧患，死于安乐也"，反思从教经历得到的启示。

当年读了一篇文章，是一位国家领导人写的，非常好，其中引用了孟子的一句名言：生于忧患，而死于安乐也。

从乡村中学走到县城中学，是一个跨越。值得骄傲的是，我工作的第一所中学是在当地比较有名的乡镇中学，学校内有企业，经济效益好，教学质量当年也是非常好的，会聚了许多优秀的老师，周边学校学生、研究所的子弟都往那里转学。我在这样的环境中自然被感染得很优秀，也很出色。我后来调任的县城中学，也在全县数一数二。经过 10 年磨炼，已经成为优秀教师、优秀班主任的我，获得了很多人的羡慕。可是"生于忧患，死于安乐"这句名言始终印在我的脑海里。

我决定打破手中的"铁饭碗"，来到西安高新一中。从到高新一中的那一刻起，我就做好了努力工作、接受挑战的准备。

反思，使我看到了另一片广阔的天地。

其三，反思工作状况得到的启示。

我曾经的一位同事，工作非常出色，教学成绩很优秀，深受学生喜爱，当她的专业英语过了八级以后，被石油学院英语学院录用了。她有她自己的想法和追求。当然，有人联想到的是：她不适应高新一中的教学模式，被淘汰了；有人联想到的是：她找到实现自己价值的地方了。

我领会到的是：必须学习，必须优秀，尽可能给自己创造更多选择的机会。

同事的经历，使我更加努力地对待工作和学习，不断提升自己。

其四，对教育教学的反思，使我得到了很大的提升。

一是在第 206 页"怎样写教学反思"的引言中写道："思之则活，思活则深，思深则透，思透则新，思新则进。"思考教学行为，总结教学的得与失，对整个教学过程进行回顾、分析、审视，才能提升自己的能力和教学水平。

二是每学期学校会组织许多公开课，还有名师课堂，各种专家报告，等等。每次听完课要研讨，各个优秀的同行会提炼出许多有价值的东西。我认为，简单地记在听课笔记本上，不如通过一次完整的听课反思进行全面吸收，所以我写下来了。

在这本书的"学海无涯"一章里我选择了 31 篇听课笔记，进行教学反思。

年轻语文老师讲的活动课《浅浅的感觉、深深的爱》第 142 页。

听课《圆》第 142 页。

《一节数学课的启示》第 124 页。

······

还有《吹开心头花朵》第 101 页。

圣人早就说过："吾日三省吾身也，择其善者而从之，其不善者而改之。"

第三，探究。

探究就是探索、研究。

教育教学中的探究，体现在平时的教育教学过程中。有人曾经问我："牛老师，你看什么电视连续剧？"我说，除了寒暑假，我家每天都上演"连续剧"，而且每天情节都不一样。你真不知道，这些孩子会给你上演什么。有时候惊心动魄，跌宕曲折。对于每一件事情，我都凭借经验和知识加以疏导，使孩子健康成长。

为了做得更好、更科学，我积极承担了市级、省级、国家级的课题研究。

其一，第一次做的课题是"道德与法治课堂教学素材选取"研究。有开题报告、中期研究报告、结题申请、法律素材的调查报告、优秀课题汇报几个过程。

我在总结中引用了苏霍姆林斯基的一段话："教师要成为学生知识的源泉，就永远处在一种丰富的、有意义的、多方面的精神生活中。"高尚的精神生活，实际上是引导人去聆听自己心灵深处真诚的声音，去唤醒自我，去寻求积极的精神支撑。

我做第一个课题时，用了一年时间在博客上发表教学反思、案例和其他成果，足有 100 多篇，做汇报的时候，打印的资料一只手拿不住，得抱在怀里。那一天，我最后一个离开会场，心里一直埋怨自己怎么弄了这么多的东西。最终，我的这个课题被评为西安市优秀课题。

我做的第二个课题是"道德与法治课堂教学导课"研究，也积攒和使用了很多资料。接着，我又与其他老师合作完成了"道德与法治课堂有效性设问"研究。有导课的、有选取素材的、有研究课堂有效性设问的，再加上我坚持写课堂教学反思，这也成为一个非常完整的课堂教学的研究。而这些多年的探究资料，被我整理成教育教学著作《吹开心头花朵》一书。

其二，探究方向：有了一点点的经验，在带完一届初三毕业班之后，我被聘请参加其他课题的研究，其中包括国家级课题"e课堂在多学科课堂教学中的应用"研究、省级课题"学习困难学生心理发展特点及教育矫正"研究、"引悟结课堂文化"研究，成果丰厚。

在做省级课题"学习困难学生心理发展特点及教育矫正"研究时，我和家长联系，产生了一些家庭教育中的困惑。针对这种情况，我翻阅资料，总结经验，给我们的学生家长做了5次专题报告，和多位家长多次交流，也结识了王越群教授。得到了很多专家的指导和帮助。我的眼界更开阔了，课题做得更加科学规范了。

第四，好教师的成长，离不开好的环境。

"孟母三迁，造就了儒学的亚圣——孟子，环境重要；热带鱼由鱼缸转入池塘后迅速生长，环境重要；险象环生中，狼避险觅食，强势图存，也是环境的重要。"

人总是有惰性的，当周围的人都不思进取沉迷于安乐，对工作得过且过，没有计划性，没有长远性，没有良好的执行力，组织框架松散无序时，再勤快的人也会变成一个庸碌无为的人。人不能改变环境，但环境可以改变人。

好环境成就一个人。

我来到高新一中，比以前更勤奋了。早起提前到校，每一件事情争取做到最好。曾有位长者说我是一个追求完美的人。总是想做得完美，其实都不会完美。只有更好，没有最好。当别人比我做得好的时候，以前有点不服气，后来就向他学习，改进自己，争取赶上他、超越他。但是有些人的魅力是天生的，我就扬长避短，发现自己的优势而创造更大的工作价值。

我的文学功底好，所以我经常用文字做记录。本来是为了追上别人，

"笨鸟先飞"现在倒成了我的优势，写的多篇论文获得国家级奖项并刊登发表，一篇篇美文也汇成了这本教育教学的著作。

我是丑小鸭，在很长一段时间里，我是备受打击、遭人鄙视的。工作平平常常，没有任何特色，所以很快被淹没了，甚至沉到了海底，感到无法重见天日！对于一个一直戴着光环，曾经熠熠闪光、被人羡慕的人，犹如掉进了万丈深渊。

我要随波逐流吗？混一天是一天，强迫自己混吧，没机会做到。离开这里另辟天地吧，我迈不开这一步！我还有我的阵地——课堂。我还有我的学生，我不甘心这么平静地过日子。

实际表明，我不是安于现状的人。在曾经平淡的生活里，我坚持写教学反思，我是在别人都回家后自己在学校里继续工作的人。门卫大爷看见我总是很晚才回家。但是当时，我全然不顾这一切，做自己喜欢的事情，写自己想到的事情。我有一个幸福的三口之家，有聪明的女儿和明事理的爱人，我家里人并不反对我努力工作，他们很理解我。

我就是那头笨驴，并且傻乎乎地掉进了深坑里，主人扔下绳子也没拉上来的那头笨驴。折腾久了，主人觉得没救了，就把垃圾往下扔，试图折磨死笨驴，好卖了驴肉换了钱重新买一头驴子。驴子在深坑里每天面对着最脏的东西，但是笨得连死都不会，竟然死皮赖脸地喘息着、挣扎着。垃圾渐渐地垫在了驴子的脚底下，终于有一天，连驴子也没想到，自己竟然出来了。

丑小鸭走错了地方，来到了不属于自己的生活环境，所以它被嘲笑，被冷落，被打击。但最终仁慈的上帝宣布：你是一只天鹅！丑小鸭虽然不信，但只有它能飞起来！这是事实！

那头笨驴，踩着垃圾跳出了深坑，它非常感激所有朝它扔垃圾的人，没有这些垃圾，它是走不出来的！人世间的事情就是这么有趣！

环境对人的影响非常大，高新一中是一所名校，聚集了全国各地的精英，个个身怀绝技，这里人才济济，百舸争流，令人向往！在这样的大熔炉里熔炼过的人是幸运的，所以我是幸运的！

我比以前平静多了，我很感激这个环境；因为这是一所名校，我从乡村走到了城市，走进了名校，我学习了很多，我的目标更高了。这样的经历不仅磨炼了我，也让我结交了很多高人。我的气质似乎也变了，甚至有人说我"逆生长"了。

我有很多对教育教学的想法，在我和学生们的交往过程中，我感受到了最纯洁、最美丽的心灵，我聆听了世间除了对于父母之外的最真挚的问候，甜甜的如蜜一般滋润着我的心田；我每天迎接着黎明最早的朝阳，那么美、那么诱人！我似乎看到了一棵棵参天大树拔地而起，都长成了栋梁之材……

我用爱心唤醒学生，用爱心呵护学生。

我用一首最近流行的古诗结束吧：

　　　　白日不到处，青春恰自来。
　　　　苔花如米小，也学牡丹开。

我也学着绽放吧！

时代的号角吹响了，作为一名教师，我再次思考自己肩上的责任，整装待发……

三、支着儿家长

父母是孩子的第一任老师，但是父母也有许多教育困惑。针对父母教育中的困惑，我先后以五个主题开展了公益讲座。

73. 公益讲座：家长必读的几部经典

——读经典美文，做智慧父母

恩格斯说过："妇女解放的程度是衡量普遍解放的天然尺度。"母亲，是孩子的第一任老师，社会的文明程度更依赖于女性的文明程度。

我们女性朋友应该很自豪地说："城市里再漂亮的风景也没有我们的笑容美丽。"因为我们是这个城市的主人，是我们点缀了这个城市的美丽！我们的笑容是从内心深处流露出的喜悦，是散发着浓郁的书香味道的。

我们的美丽和书分不开。阅读经典，是最好的化妆品！读书能美化我们的外表，更能修饰我们的内涵！

英国著名诗人拜伦曾经说过，"一滴水可以引发千万人的思考，一本好书可以改变无数人的命运"。"读书对于一个人的文化水平高低、知识多少、志向大小、修养好坏、品行优劣、情趣雅俗，往往有至关重要的作用。"

"一本好书是一个由优美语言和闪光思想所构成的独特的世界。选择一本好书，不仅可以品味一时，更可以受益一生。"

推荐几部经典。（略去具体内容）

一、《道德经》

二、《论语》

三、《孟子》

四、《荀子》

五、《庄子》

六、《颜氏家训》

七、《家范》

八、《世范》

160

九、《沉思录》

十、《道德箴言录》

十一、《人生论》

十二、《智慧书》

十三、《富兰克林自传》

十四、《蒙田随笔》

除了以上十几部经典作品之外，还有《菜根谭》《曾国藩家书》《傅雷家书》以及美国戴尔·卡耐基的《人性的弱点》等书籍。

读书可以经世致用，也可以修身怡心。阅读经典，了解大师，是人生修养所应追求的一种境界。

在快节奏的今天，每个人都希望能在最短的时间内获得最多的知识，为了帮助爱读书的朋友们寻找到一种最省时而且最有效的方式，建议大家多阅读这些经典著作。

注：推荐书目选自吴超编著的《20 部必读的修身处世经典》一书（北京工业大学出版社 2006 年版）。

74. 公益讲座：有效沟通和培养良好习惯的几个问题

各位家长，大家好！在忙碌的工作之余来开家长会，确实很辛苦！我们都有一个共同的心愿：使孩子更优秀，考出好成绩，上一所好大学，成就自己的辉煌人生。那么今天呢，我们一起探讨关于和孩子有效沟通和培养孩子良好习惯的问题。

孩子，是上天赐予的礼物。十月怀胎，百般呵护，他的出生，是您和您的家族的一件无比盛大的喜事。从此，您有了一个新的称呼：爸爸或者妈妈。

您多么爱他，您自己知道，"捧在手心怕摔了，含在嘴里怕化了！"教他学说话，扶他学走路。慢慢地，他长大了，您也变老了。他的成长，是不是您当初期待的那样。是否像他的名字那样"浩洋""子豪""胜利""静慧"……他是不是人如其名呢？

小时候的他，聪慧、机灵、听话，优点多多。而现在呢？您是否在一个夜深人静的夜晚看着他，自己悄悄抹过眼泪；您是不是有几次想要抬手揍他；您是否已有多次被他气得浑身发抖？解决问题嘛！您应该和他进行有效沟通，应该帮助他养成良好的习惯。

（1）先说说和孩子沟通的事情

第一，掌握和孩子沟通的技巧。

故事1：有一家人上餐馆，其中一个小孩跑前跑后、跳上跳下，还大呼小叫，顽皮得不得了。先是妈妈哄，接着爸爸劝，同桌的朋友也劝他，对小男孩说：如果你不吵，等会儿给你买糖吃。可是，谁劝都不管用。惹得一屋子的人都转头看他们这一桌。最后服务员走了过来，在小男孩耳朵旁边轻轻说了一句话，小孩居然不吵了。吃完饭，爸爸送上了加倍的小费给服务员，并请教服务员到底用了什么妙法，能管住小男孩。服务员笑了笑说："这很简单，我只是对他说，'如果你再吵，我就把你送进厨房，烤掉'。"

服务员用了什么方法？单刀直入，威胁式沟通。

故事2：从前有一位很好的宰相，知道广东发生了洪灾，请求皇上让广东那一年免缴粮食。可是皇帝不置可否，只说"让我想想"，就把事情搁下了。这个宰相每天都要陪皇帝下棋，他每下一步棋，都先用棋子轻轻敲棋盘，唱"锵、锵、锵，广东免交粮"。

一天唱，两天唱，有一天皇帝也跟着他敲着棋盘唱："锵、锵、锵，广东免交粮。"宰相立刻跪在地上谢主隆恩。因为君无戏言，广东当年真的免缴了粮食。

宰相用了什么沟通方法？他是利用特殊情况，化明为暗地进行沟通。

故事说完了，看看对您有没有启发呢？

家长您在和孩子沟通前，是否考虑过沟通方法？孩子不愿意听您的，您的招数高明吗？您总是随意地、不成功地沟通，他们还以为您不重视他，以为您在敷衍他，或者以为您还不如他呢……

这也造成很多孩子逆反父母，或者怕父亲不怕母亲，甚至孩子一次又一次地和父母顶嘴……

案例：

前一段时间，某市某学校的学生因为班主任让他理发就不来上学，在家里和爸爸妈妈僵持了 10 多天，最后跳楼自杀了。

孩子理发是班主任和他谈好的。那么大的孩子老师不可能硬摁着给他理发了。

孩子被理发，在家里待了 10 多天，之后才发生了办理休学等事情。那么，这 10 多天里孩子一直在家里，他和爸爸妈妈沟通得怎么样呢？

孩子跳楼了，孩子在家里和家长到底发生了什么事情呢？

孩子的死给亲人造成巨大的伤害，孩子为什么要以死相逼呢？

他们之间的沟通出现了什么问题呢？

家长，您得到了什么启示呢？

家长是不是要反思一下：

对孩子期望过高，管教过严；

不尊重孩子，为孩子做所有决定与选择；

不表扬孩子，怕孩子骄傲；

不相信孩子，不给孩子学会自律的机会；

爱往孩子身上撒气，数落孩子；

喜欢横向比较，说得最多的就是"你看隔壁家的某某……"

轻易许诺，但言而无信；

忽略了孩子品格的培养；

……

看到这里，您是不是觉得该调整自己了，要注意沟通技巧，可以用动作和爱心与他耐心沟通；可以单刀直入，用威胁式的沟通；可以化明为暗进行沟通；等等。

第二，有家长的风范，让孩子敬佩你。

案例一：

曾经，一个女孩子的妈妈听了我的讲座后和我联系了。因为她和女儿的沟通发生了问题。那天下午，我约了她妈妈聊天。原来她女儿是班长。想一想，一个能当班长的女孩子，肯定有主见，肯定有很多优点，而且不缺乏自信的品质。我问她妈妈在家里和孩子发生过什么矛盾。妈妈就说了几件事。

我听后分析了一下。认为：她们之间矛盾的解决应该从妈妈调整自己做起。是由于妈妈的心胸不够宽阔，和爸爸、奶奶之间存在一些琐碎事情而引起的。妈妈一直想不通，觉得自己是对的，所以就一直憋在心里结了疙瘩，孩子长到十二三岁了，自己还没走出来。矛盾延续到孩子身上，经常和孩子发生冲突。

孩子很纯洁，她认为妈妈是对的。

……

怎么办呢？

我请妈妈喝茶聊天，旁敲侧击，换位思考。终于，妈妈恍然大悟。但妈妈这样的心性是会反复的。妈妈应该多读书，加强自身修养，学会包容，学会尊重。

多读书吧，书籍可以改变您。

我一直和这个女儿进行对话，我们之间有一个笔记本，把各自要说的话写在上面，定期放在一个地方各自去拿。

妈妈的状态越来越好。妈妈调整过来之后，对女儿帮助很大。女儿更加积极阳光，学习也比以前更好了，班里的同学也更加佩服她。

案例二：

> 一位妈妈陪儿子（身高1.8米）去医院看病。排队的时候，妈妈抑制不住情绪就开始数落、教育儿子，这也不好那也不好，儿子听着，反驳着。母子吵开了。排队排了很久，刚到他看病的时候，儿子生气了，扭身就走，可怜的妈妈望着儿子的背影无奈地叹气，然后自己坐到医生面前描述儿子的病情……

分析：这件事情主要原因在妈妈。

不冷静，没抓住事情的主次。看病才是主要的。

方式不对，即使孩子有问题，也不可当着那么多的人去说他，"哪壶不开提哪壶"这样根本不能解决问题。孩子也有自尊啊，何况一个身高1.8米的大孩子！妈妈您不知道吗？

建议：用爱心感化他。唤醒他的心灵，让他敞开心扉；可以不就事论事，眼光放远。从另一个点入手，比如，让他觉得责任意识的重要。对自己负责任，或从对别人负责任的角度分析问题，引导他自己分析问题的要害，进而意识到改正问题调整自己，变得更加优秀。

父母是孩子的第一任老师，孩子会在无形中学您的样子。您要不断学习，不断提升自己。所以，家长应该多学习多提升，有家长的风范，让孩子敬佩您。

第三，说给他不如做给他，言传身教很重要。

案例一：

> 有位爸爸，生活在农村，从孩子上小学时，只要一回家写作业，就拿一本书坐在孩子桌子对面认真阅读，坚持了很多年。孩子从小就养成了自觉学习、安静思考的好习惯。直到有一天，孩子才发现自己的爸爸原来并不认识几个字。但爸爸的行为感动了孩子，孩子对爸爸更加敬重了，更加刻苦认真地学习了。

爸爸行为影响的结果。用您的行动感染他，不用多说什么。

案例二：

> 老婆婆有三个儿子，长大后相继娶妻生子。三个来自不同家庭的儿媳妇都继承了婆婆的"贤惠""勤劳""干净"的习惯。老婆婆呢，大字不识几个，但她能坚持"闻鸡起舞""洒扫庭除""按时做早饭"等，儿媳妇在她的影响下也是年年月月天天如此。
>
> 更可贵的是，他们家的孙子辈，也都继承了这样的品德。个个爱干净、个个早起打扫卫生，而且都学业有成，在当地一直被夸赞！

言传身教的结果。有句话叫：娶一个好媳妇旺三代！

孩子的很多行为习惯和性格特征都是父母带给他们的。您想想看，有人很早就说"家庭是社会的缩影""孩子是父母的翻版"。所以，您想让孩子乖巧、听话、懂事，您自己首先要做表率，对待公婆以及对待亲戚长辈都要孝顺。

想让孩子节俭，您自己首先要节俭；想让他勤劳，让他早起，让他学会整理房间，您最好给他做个示范。

所以，说给他不如做给他，言传身教很重要。

第四，家长应明确自己的责任，要有目标。

父母子女关系：法律上指父母与子女间权利义务的总和。

父母子女关系通常基于子女出生的事实而发生，也可因收养而发生，以收养的法律效力为依据。

自然血亲的父母子女关系只能因死亡而终止。父母与子女间的关系，不因父母离婚而消除。血亲的父母子女关系可因收养的撤销和解除而终止。

法律规定："父母有保护和教育未成年子女的权利和义务。在未成年子女对国家、集体或他人造成损害时，父母有承担民事责任的义务。"

父母是孩子的第一监护人，您得为孩子负责任。

当然，我们中国人最传统的思想是：望子成龙，望女成凤。孩子出生了，我们的责任就大了，得好好抚养教育他。他长大了，不像小时候那么听话、好管理了，他有了自己的思想，有了主见，有时候他不听咱们的话了。您开始埋怨他、指责他、打骂他了。

您有没有站在他的角度思考问题呢？他为什么这样？他需要什么？他的思考经验是否需要父母作指导呢？

如果教育不好自己的孩子，我们就很失败。必须让他比咱强。"长江后浪推前浪！"

案例三：

一个女孩子上高中了，在家里不爱交流，一回家就钻进自己的小阁楼睡觉、刷微信。吃饭的时候不上桌子，拿进自己的房间吃，只有练琴的时候才到客厅。

爷爷奶奶很爱她，千呼万唤叫不到跟前来。回家见面就两个字"爷爷"或者"奶奶"。见了爸妈也只是叫一声而已。没钱花的时候问爸妈要。但孩子爱和同龄的孩子交往，而且口碑不错，朋友挺多的。

家人很苦恼，管教她是轻不得重不得。孩子根本感觉不到家人对她的爱。

分析：可能是孩子的性格所致，孤僻。

但这种性格的形成是有原因的。可能是家长对她有过苛刻的要求吧。这也可以理解，家长望女成凤。

也可能是爸妈太忙，没时间和孩子进行心灵上的沟通，长此以往形成了这样的性格。

怎么办呢？慢慢来。

其一，用"爱"唤醒她，使她敞开心扉，千万不可哪壶不开提哪壶，比如，埋怨她懒惰、睡懒觉、刷微信等话题一定先避开不说。可以为她组织"唱歌"和"旅游"等她感兴趣的活动，以使她转换心境。

其二，重新规划她的生活。增加更多丰富多彩的生活方式，或者请一个她崇拜的人进入她的生活影响她。

制定小目标，帮她实现。

肯定她学习、生活中的优点。

提醒监督，用爱心呵护。

家长做这些事情的时候，不可居高临下、颐指气使，不妨在孩子没回家的时候先"备课"。分析沟通要达到什么目标，确定沟通的内容、沟通的方式技巧，用不用道具，要不要别人配合，沟通结束还需要做什么，等等。

说话时注意：用什么词语、句子，举什么事例，用什么名言佳句，等等。

说话温和，表情自然，面带微笑。

环境的选择：餐厅、客厅、电影院、花园……

寻找适合放松心情或有意义的地方。

其他的也要注意。

也许一次"有意义"的沟通就可以打消孩子心头的疑惑，解开心结。

第五，家长具有传统美德。

其一，颜值。大家都在看颜值，自己的长相是爸妈给的，而作为普通人，不和明星比时髦和阔绰，"干净""整洁""端庄"即可，衣着素雅，不穿奇装异服。做到举止文明，说话和气，笑容可掬，不粗俗，不鲁莽，要求孩子说"请""谢谢""您好"，家长也要常用礼貌用语。这是用文明修养影响他。

其二，品德。比如养成"勤劳""节俭""孝敬父母""有责任感""乐于助人""积极""乐观"等品质，让别人敬佩您。做一个具有更多传统美德的人，这样也会感染孩子。

其三，做一个文化人。文化不是文凭。有文凭不一定有文化。文化是人们世代相传的生活方式和行为模式。它主要指人们共同的价值观和态度。

作家梁晓声说过：文化就是植根于内心的修养，无须提醒的自觉，以约束为前提的自由，为别人着想的善良。

您一定要这样做：

对自己，有自尊，不苟且；对他人，能尊重，不霸道。

对环境，能爱护，不掠夺；对历史，有敬意，不轻浮。

做好沟通，就要注意沟通技巧，要有家长风范，注意言传身教，要明确责任，具有传统美德，做一个文化人。

（2）关于培养孩子的良好习惯

"好习惯成就好性格，好性格成就好品质，好品质成就美好人生。"

随着社会的进步，人们对教育尤其是素质教育越来越重视，作为孩子的家长更是关心孩子的成长。正如一句名言所说："与其说国家的命运掌握在政治家手里，不如说国家的命运掌握在父母手里，推动摇篮的手也在推动人类的未来。"

除了基因遗传，其中最重要的原因就是重视孩子良好习惯的养成。

要使孩子养成良好习惯，首先培养他成为一个有"德"之人，需要培养孩子认真的品质和激发孩子的责任心，做一个积极阳光的人。帮助他制定一个良好的学习准则和生活准则，然后家长做好监督和引导。

中华民族是一个具有很多传统美德的民族。家长要具有做人的美德，教育自己的孩子具有中华民族传统美德。

重庆的公交车司机开车坠江一事，很多人记忆犹新。这件事情给了我们深刻的教训。如果大家多一点包容，多一点责任，多一点公德，多一点仁爱，这样的悲剧就不会发生。

第一，认真。

认真是一种品质，更是一种坚守。做事如此，学习也是。但是经常看到或者听到孩子做事不认真、学习不认真。而一些做事认真的孩子成绩很好，很优秀。认真究竟有多么重要呢？

其一，认真是一种重要的力量。

资料：

德国是一个高度发达的资本主义国家，是欧洲四大经济体之一，其社会保障制度完善，国民的生活水平很高。

1944 年冬，整个德国笼罩在一片末日的气氛里，经济崩溃，物资奇缺，老百姓的生活陷入严重困境。

对普通平民来说，食品短缺就已经是人命关天的事了，更糟糕的是，由于德国地处欧洲中部，冬季非常寒冷，家里如果没有足够的燃料的话，根本无法挨过漫长的冬天。在这种情况下，各地政府只得允许老百姓上山砍树。

你能想象"二战"胜利前夕的德国人是如何砍树的吗？在生命受到威胁时，人们没有哄抢，政府部门的林业人员在林海雪原里拉网式地搜索，找到老弱病残的劣质树木，做上记号，再告诫民众：如果砍伐没有做记号的树，将要受到处罚。

在有些人看来，这样的规定简直就是个笑话：法西斯国家都快要灭亡了，谁来执行处罚？

当时的德国，由于希特勒的垂死挣扎，几乎将所有的政府公务人员都抽调到前线去了，看不到警察，更见不到法官，整个国家简直是处于无政府状态。但令人不可思议的是，直到"二战"彻底结束，全德国竟然没有发生过一起居民违章砍伐无记号树木的案件，每一个德国人都忠实地执行这个没有任何强制约束力的规定。

这是著名学者季羡林先生讲的一个故事。当时他在德国留学，目睹了这一幕，对此事感叹不已。他曾激动地说，德国人"具备了无政府的条件却没有无政府的现象"。

让我们一起思考："是一种什么样的力量使得德国人在如此极端糟糕的情况下，仍能表现出超出一般人的自律？"

那就是：认真。

"因为认真是一种习惯，它会深入一个人的骨髓，融化到他的血液里。"这也是德意志民族在经历了两次毁灭性的世界大战之后，又奇迹般地迅速崛起的原因。我们不可忽视认真的重要性。

其二，我们认真吗？

首先要问问我们家长们认真吗？

家长是孩子的第一任老师，家长的言行时刻影响着自己孩子的行为和习惯。

每个家长能否自信地说自己在一些生活细节上很注意，品行端正，语言文明，举止得体？该说的话才说，不该说的话不说，有的话不能当着孩子面说……

注：下面的资料由和家长、班主任交流时的事例改编。

举例一：

听说有些家长喜欢玩手机，刷微信、刷抖音非常疯狂，影响到了孩子的生活、学习，使自己的孩子也陷入了玩手机、刷微信的不良习惯之中，严重影响孩子身心健康发展，影响孩子的学习：英语单词记不住，数学作业一塌糊涂，其他学科更是非常糟糕……

有的孩子因此耽误时间却骗父母说作业多，到凌晨2点才休息，家长信以为真，埋怨学校老师布置作业太多。问了别的家长才知道，别的孩子做作业晚上9点左右就写完了。孩子玩手机休息不好，精神恍惚、注意力不集中，课堂学习没有效果，萎靡不振。有的孩子受到不良信息影响甚至会堕落，走上违法犯罪的道路……

很多家长喜欢国学，国学是我们中华文化的精华，国学中提倡的一种品质叫"慎独"。就是指在没有外在监督的情况下，能严守道德准则。慎独是中华文化中道德修养的一种方式、一种境界。

举例二：

父母的认真，肯定也会感染自己的孩子。父母是孩子的第一任老师，父母的言行时时刻刻影响着孩子。我们有很多孩子都是在学习自己的父母。比如：孩子骂同学，老师一问，孩子说他爸爸在工地上骂工人就是这么骂的，他是跟自己爸爸学的……

有一个学生学习非常好，语数外成绩名列班里第一，小学科的成绩也非常好，而且品质优秀，精力充沛，积极阳光，学得很轻松，和他一起玩儿的同学也很多。有一天，我在校园里看见他，他周围还有三个同学，我说："小张，你学得那么好，有什么方法窍门吗？你给同学们介绍一下啊！"他笑笑说："老师，没什么方法窍门，就是我爸爸很认真，对我很严格罢了……"

我思考着这一句话，他的爸爸对他很严格啊！他的爸爸一定是个认真的人，一个很优秀的人！后来，这位家长来学校开家长会，谈到了自己的教育经验。爸爸是位公职人员，每天晚上吃完饭，先和孩子聊天，什么都聊，新闻、政策、体育、文化、法律等无所不谈，边聊边给孩子做指导，扩充知识，开阔眼界，大约十来分钟。说完了，孩子就去写作业，然后爸爸做自己的事情，一句话不说。孩子的学习效率很高。

其三，统计结果。

有人做了一次初步统计，发现父母文化素质高、品行优秀的，一般孩子都有良好的学习和生活习惯；有的父母做生意，但是本身很注重学习和读书，文化水平高，自身修养好，他们的孩子也很优秀……

认真，更强调要在小事上认真。有人说，小事毕竟是小事，认真什么？"细节决定成败！"小事也很重要。认真，要从一点一滴的小事做起。

孩子开始有不认真的表现时，应该及时制止。否则时间一长，成了他的习惯，等于他在思想意识中已经形成了这种标准了。这些坏的习气就成了他们的一种不认真的品质，从而影响他的眼界、影响他的发展。

因为不认真，降低了他的标准；

因为不认真，他没有发挥到极致，和别的孩子拉开了距离；

因为不认真，您的孩子知识上就有了漏洞；

因为不认真，他慢慢地就成为一个敷衍的人、得过且过的人、马马虎虎的人。站在队伍里没有精气神，坐到教室里注意力不集中，成绩大幅下滑，学期评定的时候，缺点多多；等到升学考试时，成绩平平，上不了好学校；到了工作岗位，也不会有大的贡献和优异的业绩……

是不认真害了他！因此，要养成良好的生活、学习习惯，必须有认真的品质。

第二，责任心。

责任心是指个人对自己和他人、对家庭和集体、对国家和社会负责任的认识、情感和信念，以及与之相应的遵守规范、承担责任和履行义务的自觉态度。它是一个人应该具备的基本素养，是健全人格的基础，是家庭和睦、社会安定的保障。

一个人的责任心如何，决定着他在工作、学习中的态度好坏，决定着工作、学习的好坏和成败。如果一个人没有责任心，即使他有再大的能耐，也不一定能做出好的成绩来。有了责任心，才会认真地思考，勤奋地工作，细致踏实，实事求是；有了责任心，才会按时、按质、按量完成任务，圆满解决问题；有了责任心，才能主动处理好分内与分外的相关工作，从学习和事业出发，以学习和事业为重，特别是有人监督与无人监督都能主动承担责任而不推卸责任。

只要你有责任心，那么你就知道怎么做，自然就有好习惯。责任心是学习优秀、成就事业、养成良好习惯的可靠途径。责任心出勇气、出智慧、出力量。有了责任心，再危险的工作也能减少风险；没有责任心，再安全的岗位也会出现险情。责任心强，再大的困难也可以克服；责任心差，很小的问题也可能酿成大祸。有责任心，就知道怎么在学习中克服困难，怎么做人。

养成良好习惯，培养认真品质和激发责任心的做法有以下几点。

其一，激发孩子的责任意识，让孩子做力所能及的事情。

告诉他们不能依赖父母。思想上不依赖父母，生活上、学习上更不依赖父母。自己的事情自己做。比如，整理自己的房间、学习用品和书籍，自己洗自己的袜子、鞋；适当做一些力所能及的家务：扫地、拖地、擦桌子。有的家长从来不让孩子做这些事，其实，应当让孩子动一动，他们在做事的时候也是在观察、思考、统筹……

我们的先辈早就有"位卑未敢忘忧国""天下兴亡匹夫有责""为中华之崛起而读书"等思想。只有对自己负责，才能对父母家人和亲戚朋友负责，将来才能对国家和社会负责。

岳飞在很小的时候，母亲就在他背上刻下了"精忠报国"。家长，您在孩子小的时候，给他教了什么呢？他的责任意识被激发了吗？

日本的小孩子在很小的时候，父母都会在他们出门的时候，给他们背一个包，把自己的东西装在里边。有时候包很重、很大，但有的小孩子挎着两三个包。

这些日本的父母爱自己的孩子吗？他们爱孩子是让他们学会独立，看着他们成熟，并不是一味地溺爱！

现在激发也不晚啊！对自己负责任，努力读书，养成良好习惯和优秀品质。

对父母负责，努力读书，报答父母，做力所能及的事情。

对集体负责，维护集体的荣誉，为集体贡献自己的力量，为集体做好事。

对社会负责，多做公益活动，遵守国家法律和道德。

举例：

我曾经带过的一个男孩子，高高的个子，长得白白净净，很精神；学习好，品行好，有责任心；不张扬，给人一种谦虚、谨慎的学者风范。

10多年前，我们天天回家挤411路公交车。有一天，随着下车的人越来越多，车里空起来，我被挤到了车的后边，正好有一个空座位，就坐下了。这时，旁边一个男孩子招呼我，我一看，就是他，才知道他也住在田园都市，我们聊了起来。我问他晚上做作业做到几点，一般回家先做什么，父母对他有什么要求，作业做完干什么。

他说了很多，因为孩子很健谈，思路很清晰，语言非常丰富。我对他有了更多了解，并暗暗佩服他的优秀。当说到父母时。他伸出自己的双手说："老师，我这双手能做很多事情。"

我笑着说："能做什么？这么小，你爸妈稀罕你做什么事情吗？他们舍得你做吗？"他面带笑容，颇自豪地说："不说别的，他们两个每天晚上吃完饭就去花园散步了，饭桌上的碟子饭碗那么多，都是我洗，从我上小学起就一直是我洗！"

我有些吃惊，这是个男孩子啊，又一想，男孩子为什么就不能洗衣服、做饭呢？再说，做这些事情就是对自己能力的锻炼，使自己有经验，使自己更加成熟，也能在做这些事情的过程中体会到父母的艰辛而心怀感恩啊！

我对他的父母油然而生一种敬意！这才是智慧的父母，才是负责任的父母，也是懂得教育孩子的父母。孩子的优秀，是和父母的教育分不开的！

亲爱的家长，这些对您有什么启示呢？有很多父母很看重自己的事业，当然这很对。可您们别忘了，在孩子受教育期间如果做得不好，孩子将来的就业、将来的生活是要受影响的。您们现在过得很幸福，但是孩子将来不优秀，或者不能胜任工作，或者不会做人，他们是很可怜的。您的那一点点成就和财富能保他多少年呢？您给孩子积累的应该是如何做人和如何生存，如何胜任工作以改变自己的生活啊！

其二，父母的教养、态度很重要。

对孩子采取民主的态度，鼓励孩子独立思考，允许他们表达自己的观点和看法，有利于孩子形成责任心。我在教育我的孩子的时候，从小引导她自己判断。比如，给她买衣服，我带着她观察，给她讲，和她交流，然后让她自己做选择，我只做好引导她思考就行了。所以我的孩子从小很有主见。一般是自己决定自己的事情。这样，更能激发她的责任意识。我有一个习惯，床前总有一本书，睡觉之前看一会儿书。我也给她买了很多书，从漫画书到带拼音的书，到不带拼音的青少年读本，再到一些经典国内外名著等。现在我们家里有 6 个书架，每间房 2 个书架，上边全摆着书。孩子现就读于上海华东师范大学，经常泡在阅览室里。她已经养成阅读的习惯。考进去的时候是遥遥领先的成绩，比第二名高出 30 多分。去上海面试、开学报名，都是她自己一个人去的，也是因为我和她爸爸很忙，没时间陪她。孩子习惯好，自立自强。

在孩子很小的时候，娇惯、过度保护孩子，让孩子养尊处优、自私自利、为所欲为，孩子成年后就会缺乏对社会和他人的责任心。如果让孩子绝对服从，也只能培养出毫无主见、不敢负责的人。

其三，要培养孩子有爱心。

关心他人，善待他人，这是培养孩子对家庭和社会责任心的基础。要求孩子主动关心老人、病人和比自己小的孩子。父母生病的时候，让孩子学会照顾父母。让孩子知道父母的生日，鼓励孩子给父母送上一份生日礼物。家长可以在不影响学习的情况下，和孩子一起做些运动，或者一起参加一些公益活动，在这些活动过程中，还可以加强和孩子的沟通交流，给孩子做正确的引导。

比如，听说有一个家长来学校里谈孩子的教育问题。孩子在学校里有一些不良习惯，不尊重老师和同学，不守纪律等，而且屡教不改。他妈妈来到学校里说明问题。为什么这样顽固，不解决问题啊？妈妈痛苦地说，孩子被爸爸、爷爷、奶奶宠着，不听妈妈话，喝水都得让妈妈端过去……

看看，这是一种什么教育理念呢？怎么就过着"衣来伸手、饭来张口"的寄生虫生活？这样对孩子的发展有利吗？难道，在家里妈妈就应该是这样的吗？今天的孩子不感恩妈妈，将来，他会感恩帮助他的人吗？他会有责任心吗？家长，不要让自己的落后观念扼杀了孩子的美好未来啊！

其四，教育孩子信守诺言。

培养孩子说话算数的习惯，无论许下什么诺言，都要尽可能地实现，如果不能实现的话，一定要向孩子说明。告诫孩子不要轻许诺言，一旦许诺，就必须遵守。关于国人的"诚信"问题，是一个重要话题。诚信危机，最终害的是我们自己。

其五，有意识地交给孩子一些任务，锻炼孩子独立做事的能力。

爸爸妈妈要逐步教孩子自己的事情自己做。做之前提出要求，鼓励孩子认真完成。如果孩子遇到困难，家长可在语言上给予指导，但是一定不要包办代替，让孩子有机会把事情独立做完。

鼓励孩子做事情要有始有终，可适当地让孩子了解父母的一些忧虑和难处。父母提出一些问题，引导孩子独立思考和选择，大胆发表自己的见解。让孩子认识到，家庭的美满幸福，要靠爸爸妈妈和自己的共同参与，进而增强孩子对家庭的责任感。这些中学生的可塑性很强，性格是可以改变的。

要养成良好的习惯，就要培养孩子认真的品质和激发孩子的责任心。

75. 公益讲座：关于发掘潜力

孩子，是上天赐予的礼物。而且每个人拥有的这个礼物都是不同的。外形不同，思想不同。而这个礼物到了您的手上，您怎么呵护他、对待他、滋养他、呈现他、拥有他……都是您的事情。

做家长的应该爱惜手上的这块无价之宝。一要细心呵护他，给他吃好，照顾好他，让宝贝快快乐乐、健健康康地成长。二要用欣赏的眼光看他，给他信心，给他希望，给他能飞起来实现愿望！三要让他们增长本领。即学习好，有良好的学习生活习惯和优秀的品质。四要让他有坚强的意志。做事情要持之以恒，不能半途而废。五要让他有抗挫折能力，不能被困难压倒，要百折不挠。六要让他有吃苦的精神。"吃得苦中苦，方为人上人。"七要让他学会思考，要有自己的正确的想法，不能人云亦云……

今天，我们先说一下关于开发孩子潜力的事情。

关于开发孩子潜力的问题主要涉及三个主题：关于人的潜力、发掘孩子潜力的意义、如何开发孩子的学习潜力。

（1）关于人的潜力

① 潜力（潜能）是什么？潜力就是潜在的能力和力量。内在的没有发挥出来的力量或能力，也就是人类原本具备却忘了使用的能力。

每个人都带着成为天才人物的潜力来到人世，也带着幸福、健康、喜悦来到人间。人脑与生俱来就有记忆、学习与创造的潜力，每个人的大脑都是这样，而且能力比你想象的还要大得多。

人类的大脑内部有千亿个神经细胞，人脑的力量虽令人敬畏，却也难以捉摸。一般人一生只开发了自己大脑潜能的 4% 左右，贡献很大的科学家也只开发了自己潜能的 10% 左右，人们大量的潜能都没有被开发出来！

② 关于人的潜力的故事（说几个关于潜力的故事，帮助大家理解）。

第一个故事：一位已被医生确诊为残疾的美国人，名叫梅尔龙，靠轮椅代步已 12 年。他的身体原本很健康，19 岁那年，他赴越南打仗，被流弹打伤了背部，送回美国医治。经过治疗，他虽然逐渐康复，却丧失了行走能力。他整天坐轮椅，觉得此生已经完结，有时就借酒消愁。有一天，他从酒馆出来，照常坐轮椅回家，却碰上三个劫匪，抢他的钱包。他拼命呐喊拼命抵抗，却触怒了劫匪，使得他们竟然放火烧他的轮椅。轮椅突然着火，梅尔龙忘记了自己是残疾人，他拼命逃走，竟然一口气跑完了一条街。事后，梅尔龙说："如果当时我不逃走，就必然被烧伤，甚至被烧死。我忘了一切，一跃而起，拼命逃跑，直至停下脚步，才发觉自己能够走动。"现在，梅尔龙已在奥马哈城找到一份工作，并且身体健康，与常人一样。

第二个故事：这是一个曾发生在日本的真实的故事。有位母亲住在公寓三层，她有一个两岁多的女儿。一天，在小孩睡熟后，这位母亲决定抓紧时间出去买菜。小孩醒过来后发现妈妈不在身边，就自己爬到阳台上玩耍。当她看到妈妈买菜回来时，就趴在阳台边很开心地喊妈妈。这位母亲抬头一看，发现自己的小孩正在三楼阳台的边缘，处境相当危险，随时都有可能掉下来。因此，她一边用力挥手一边拼命地向前跑，边跑边喊："女儿，不要跳！千万别跳！"不过她的女儿毕竟只有 2 岁多，不仅不明白妈妈在说什么，反而以为妈妈正在叫她快点过来，因此，就要从阳台上往下跳。在小孩跳下的一刹那，这位平凡母亲的伟大母爱彻底爆发了，她的身体潜能也随之完全被开发了出来：她动作干净利落地甩开菜篮，全速奔跑向前，奇迹般地接住了从三楼跳下来的孩子。所有看到这一幕的人都觉得不可思议：这位母亲不过是个身体素质与常人无二的人，她怎么可能在如此短暂的时间内跑完这样远的距离，安全救到从三楼跳下来的小孩呢？

但事实就摆在眼前：这个 2 岁多的小女孩不但被她妈妈一把接住了，而且安然无恙。

于是有人找来日本的短跑冠军做试验：在同等时间内，用一个与小孩体重相等的替代品，让它从三楼同等高度的地方落下来，在下落的同时让短跑冠军用冲刺速度跑过去救。结果是：不管短跑冠军如何努力，都无法在重物落地前将其接到手。

母爱在那一瞬间所激发出来的潜能，让这个普通的母亲发挥出了她的潜力，从而以不可思议的速度冲上前去，接住了从楼上跳下来的孩子。人的潜能是无限的。在成长过程中，在学习中，你也要不断将自己的无限潜能激发出来。

第三个故事：一位农夫在谷仓前面注视着一辆轻型卡车快速地开过他的土地。他 14 岁的儿子正开着这辆车。由于孩子年纪还小，他还不够资格考驾驶执照，但是他对汽车很着迷——似乎已经能够操纵一辆车子，因此农夫就准许他在农场里开客货两用车，但是不准上外面的路。突然间，汽车翻到水沟里去，他大为惊慌，急忙跑到出事地点。他看到沟里有水，而他的儿子被压在车子下面，躺在那里，只有头的一部分露出水面。

这位农夫并不是很高大，根据报纸上所说，他只有 1.7 米高，70千克重。但是他毫不犹豫地跳进水沟，双手伸到车下，把车子抬了起来，足以让另一位跑来援助的工人把那失去知觉的孩子从下面拽出来。

当地的医生很快赶来了，给男孩做了检查，发现他只有一点皮外伤。这个时候，农夫开始觉得奇怪，刚才他去抬车子的时候根本没有停下来想一想自己是不是抬得动。由于好奇，他就再试了一次，结果根本抬不动。医生说这是奇迹，他解释说身体机能对紧急状况产生反应时，肾上腺就分泌出大量激素，传到整个身体，产生出额外的能量。这是他可以做出的唯一解释。

要分泌出那么多肾上腺激素，首先体内得产生那么多腺体。如果自身没有，任何危机都不足以使其分泌出来。

由此可见，一个人通常拥有极大的潜在体力。农夫在危急情况下产生的一种超常力量，并不仅是肉体反应，它还涉及心智的精神的力量。当看到自己的儿子可能要被淹死，他的心智反应是去救儿子，一心只想把压着儿子的卡车抬起来，而再没有其他的想法。可以说是精神上的肾上腺引发出潜在的力量。如果情况需要更大的体力，心智状态就可以产生更大的力量，即潜能。

而在平常，那个农夫顶多只能抬起卡车 1/10 的重量。

这是关于人类巨大的潜能的几个真实例子，人在危急时刻能够爆发潜能。

人类拥有巨大的心脑潜能。

潜能存在于潜意识中。一个人要实现自己的职业生涯目标，干出一番惊天动地的事业，须在树立自信、明确目标的基础上，进一步调整心态、开发潜能，这一点极为重要。

科学家们研究发现，人具有巨大的潜能。若是一个人能够发挥一半的大脑功能，就可以轻易学会 40 种语言，背诵整本百科全书，拿到 12 个博士学位……

美国学者詹姆斯研究发现，普通人的潜力只开发了 4% 到 10%，与应当取得成就的人相比较，不过只利用了身心资源的很小的一部分……

一位名人说，"我可以完全有把握地说，每个人即便是做出了辉煌成就的人，在他的一生中利用的大脑潜能也不到百亿分之一"。

也许说法有点夸张，但人具有很大的潜能是无可否认的。任何一个平凡的人，都存在巨大的潜能，只要他的潜能得到发挥，就能干出一番事业。因为研究发现，那些被世人称为天才者、为人类作出突出贡献者，只不过是开发了他们的更多潜能而已。

人的潜能至少包括 7 个方面：语言、音乐、数理逻辑、空间、身体运动、人际交往和自我认识的潜能。但人只发挥了其 1/10 的潜能。

（2）发掘孩子潜力的意义

发掘了孩子的潜力，自己的孩子就能和别的孩子一样优秀了。

不要看着别人家的孩子分数很高，其实您的孩子也能考出好成绩；不要老看着别人家的孩子有很好的品质和习惯，您的孩子也同样能有。这就需要父母不断发掘孩子的潜力，培养孩子的优秀品质。

（3）如何开发孩子的学习潜力

人的学习潜力是巨大的，但这一潜力需要积极开发。怎样开发学习潜能呢？

① 要树立远大志向。

古人讲"非志无以成学""志不强者智不达"。所谓立志，就是激励自己走向一条进取的、迎难而上的、智慧的人生之路。人有了志向，就会对自己严格要求，就会克服前进路上的任何困难，聪明才智才会发挥出来。

高尔基说："我常常重复这样一句话，一个人追求的目标越高，他的才力就发展得越快，对社会就越有益，我确信这也是一个真理。"有些同学智商很高，但由于缺乏远大志向，现有的智力都不能得到彻底发挥，更谈不上开发潜能。

② 培养孩子良好的心理品质。

心理品质包括道德品质、意志品质、自信心、责任心等。资料记载：有一位心理学工作者对 1850 年到 1950 年间的 301 位科学家进行研究，发现这些人不但智力水平高，而且在青少年时期就表现得十分坚强，有独立性，充满自信心，有百折不挠的坚持精神。可见，培养良好的心理品质对开发人的学习潜能作用重大。

③ 学会学习。

有人说过："未来的文盲不是不识字的人，而是没有学会学习的人。"学会学习可以使人更有效地发挥自己的学习潜能。学会学习包括全脑学习、全身心学习、科学学习、创新学习等。

我们每个人都有巨大的潜能。任何平凡的人，只要经过潜能开发，使潜能得到适当的发挥，都可干出一番惊人的事业。无论是现在事业有成，还是事业无成，无论是年老者，还是年轻人，无论是搞行政的还是搞业务的，只要相信自己，相信自己的潜能，并加以开发，都会有所作为。

咱们的孩子需要注意什么呢？

其一，安静下来。"静能生慧"，"宁静致远"。只有安静下来，心平气和了，才有倾听的可能，才有思考的可能。

比如，成绩好、纪律习惯好的班级经常是非常安静的。孩子多是一种平和、谦虚的状态，善于动脑而不是急于发言、急于行动。相反，一些嘈杂、说话声音大的孩子往往难以迅速进入学习、听讲、思考状态。

去图书馆，肯定是安静的，那是有利于人们阅读、思考和学习的。

十二三岁的孩子正在从小学生的状态向初中生过渡，他们其实很茫然，这就需要老师和家长的引导。每个老师面对的是一个班的 60 个人，传授的东西是相同的，孩子的差距就在于父母对孩子的影响，经常有人说，孩子的优秀取决于家长。孩子之间的较量实际就是每个家庭父母之间的较量！

学校、班级、任课老师都对学生有严格的要求，更需要各位家长在家里对学生做好引导，要求孩子严格按照学校的安排去做，而且要做得非常出色！

其二，背熟"学子规"。就是明确"学子规"内容，在生活学习的一点一滴中体现出来。

学子规。（略）

其三，培养孩子学习的主动性。孩子主动学习了就好办了。

可以激励孩子树立理想。

帮助孩子制定短期学习目标。并引导他、监督他一步一步实现目标。可以承诺适当的奖励，物质奖励和精神奖励都行。

发掘学科特点，激发学习兴趣。

赞扬学科老师，由爱老师到爱该学科。

激发孩子竞争意识。

其四，引导孩子使用高效学习方法。学习方法非常重要。很多孩子都是因为学习方法不得当，所以学习成绩不理想。

学会管理自己。自己约束自己，在正确的时间做正确的事情。我们有时候看见一些孩子在课堂做其他学科作业。其实这些孩子并不是班里成绩最好的孩子，成绩好会学习的孩子不会这样做，因为那只是完成任务，不见得能掌握好知识。家长千万不要以为这是孩子聪明，只能导致顾此失彼！约束自己，把每一件事情都做得漂漂亮亮。让认真做事成为一种习惯！

我喜欢追求完美，这跟我父母从小对我的教育分不开。那个时候，获得信息的机会并不多，但是我的父母在生活细节上指导了我，让我从小有了认真、谨慎、谦虚、做事情扎扎实实等好品质。记得有一次，我在家里运蜂窝煤，那时候冬天取暖要用它。我把蜂窝煤运过去，父亲说，把里边放得满满的、整整齐齐的，我就放得满满的、整整齐齐的。我以为会得到父亲的赞扬，结果父亲一看，他并没有赞扬我，他自己拿起工具走过去继续弄。他这一做，我才发现，原来那个地方也可以利用起来，原来还可以这样放置，原来还可以……我的眼界开阔了，思维也开阔了……原来我没有做到最好哦！所以我非常感谢我的父母，那个时候，他们给了我一种品质：做事情要扎扎实实，要精益求精，等等。我现在还保留这种优秀的品质，这种品质使我收获满满！所以，各位家长一定要用心教育孩子、用心感染孩子，他是您手上的宝贝。

合理利用时间。有一部分学生做事拖沓、非常缓慢。比如，铃声响了，他慢吞吞地往座位上走，坐下后，东看看西看看，问同桌上什么课，或者看什么学科老师来了，然后从书包里边找课本，找了课本，再找笔记本，放好，再观察老师或者同学……而一些有着好习惯的同学，他在上一节课下课老师出教室时就把下节课的课本、笔记本拿出来，甚至把内容都看了一眼，然后迅速上厕所，或者处理班务去了。等上课铃声一响，他迅速回到座位，迅速翻课本复习回顾内容，进入一种学习的状态，等待老师提问、复习等等。一些学生总是不知道自己下一步该干什么，在犹豫不决、举棋不定中浪费了时间。而另一些学生，他们总是思考在前，先规划好自己的，总是知道自己该干什么。就是这一点点区别，拉开了很多学生的距离！

所以，家长要帮助孩子学会思考和规划，干每件事情都要先有规划，而不是走到哪儿就在哪儿歇下！看课表。按照课表提示做。但动作要果断、干脆利落。复习巩固也要按课表做，一门完了到下一门！家长一定要杜绝孩子做事磨磨蹭蹭的。如果发现，一定要讲清楚磨磨蹭蹭做事的危害，科学引导孩子，帮助孩子树立自信，高效做事。可以鼓励孩子，但不要经常打压孩子，伤害孩子的自尊心和积极性！

掌握科学学习方法。学习需要预习、听讲、巩固。预习，为听课打基础，可以提前思考、关注问题，在听课时能掌握得更好些；听课需要认真专注、思考问题、参与学习活动（记笔记、做探究等），按照老师的要求去实施、去感受、去体会；巩固，包括课下读书、记背、做作业等。根据人的遗忘规律，需要及时、多次巩固，知识才能牢固掌握。而多数学生，多是只注重课堂听讲，并不重视课下及时练习和反复巩固，尤其是对于小学科，没有作业，所以也就不看课本、不复习。内容少还能记住，内容一多，在考试前搞突击，效果很差。我们的道德与法治课不占用孩子大量时间，只希望他们轻松快乐学习，牢固掌握知识。除了听课之外，就是及时复习巩固。即前一天晚上复习回顾知识，课前复习回顾知识、上完课的当天晚上及时复习回顾知识，每次五六分钟，一般不超过 10 分钟。做好这几个环节就可以。我要求 85 分以下同学给我交笔记，也是督促他们重视，并熟练掌握知识点。学习犹如爬山，是要付出精力的，学到知识后的成就感犹如爬山时领略美景，也是心情愉悦的。任何事情带着一种喜悦心情去做，就不会感到累。学习更是如此。我干工作就是怀着一颗喜悦之心，的确感觉不到累。

明确任务。孩子在这个时期主要任务就是学习，吃饭、休息、体育运动等活动都是在促进学习，为学习服务的。到了学校，主要就是学习；上课铃声响了，就是要学习了；自习时间，就是学习时间。而其他的事情都是次要的。什么别人骂了自己，自己看课外书，自己想玩一会儿，谁借了自己书还没有还，别人叫自己……这些是借口，给自己找借口就是不想改正错误。所有不利于学习的事情不能做，做的所有事情都是为学习服务的。

培养阅读的习惯。阅读有很多好处，在初中时代尽可能让孩子多多阅读。但阅读是要有选择的，一定要阅读经典著作、中外名著。一般情况下，像我们初中语文老师推荐的书籍必须阅读。可以写阅读笔记。一切时间都是可以挤出来的，希望孩子有大量阅读时间。阅读能使孩子心静下来，阅读可以促使孩子思考问题，阅读可以从书中汲取更多的知识和养料，阅读犹如和作者交流，所以必须阅读经典、名人著作，要有阅读的习惯。有些家长和孩子一起读书，一起讨论，一起写美文。

其五，经常和孩子谈话，掌握孩子思想动态，利用孩子的想法解决问题。怎么解决，这是技巧，每个人的风格不同，但是家长如果用心做，肯定能解决很多问题。

比如，有位家长发现自己孩子非常喜欢某个明星，并且经常关注这个明星。他担心孩子荒废了学业，担心孩子沾染一些坏习气，担心孩子浪费时间……他没有正面批评制止，而是了解了这个明星的事迹，和孩子有了共同语言。之后，根据自己的社会经验分析问题，引导孩子深入思考，把自己的担忧融入所谈的话题里边，慢慢渗透，一步一步引导孩子把重心放到学习上，并且把明星的优秀品质融入孩子的生活学习习惯。还有一位家长发现自己孩子在学习上很浮躁，但是正面说，孩子有逆反，每次都是不欢而散。在烦恼之余，她细心观察孩子，发现孩子喜欢看一种书，就在周末带孩子去书店买这种书，在看书思考过程中，母女俩终于有了共同语言。然后，凭借自己的阅历和经验以及知识水平化解了困惑。他们都是用心教育孩子的典范。

关于发掘孩子潜力，请各位家长理顺自己的思路，从小事情做起，让孩子更加优秀。

76.公益讲座：怎样培养一个积极乐观的孩子

经常羡慕有的孩子很开朗、很乐观，处处洋溢着活力，好像从来都没有过烦恼的事情一样，或者即使遇到了困惑或者困难，也能笑着面对。这些孩子积极阳光、充满灵气，家长想让自己的孩子也成为这样一个积极而乐观的人。

该怎样做呢？

先听一个故事：

海明威是20世纪文坛最优秀的美国作家之一，《永别了，武器》《老人与海》等都是其代表作品。他享受到了让所有人羡慕的荣誉与财富，但令人遗憾的是他在众人羡慕的眼神中把猎枪的枪口放进嘴里，扣下了扳机，结束了自己的生命。那么，在众人眼里非常成功的海明威为什么会选择自杀呢？

这或许是一个偶然，他曾经遭遇过 2 次飞机失事的事故，之后便留下了后遗症。他在 62 岁的时候已经不能正常行走了，而且记忆力也急剧下降。他不但不能写字，而且身体出现问题，这些让他感觉到极度的恐惧和悲伤，对自己失去了信心，于是走上自杀的道路。

海明威极度的自卑情结扰乱了他的生活，"既然不能像正常人一样活着，还不如死掉"的想法一直萦绕在他脑海中。他的自卑，让他无力与这个强大的世界抗衡，无奈之下选择了终结自己的生命。

那么他的这种自卑情结是与生俱来的吗？答案是否定的，这与海明威从小生活的环境有着千丝万缕的联系，与他的家庭环境，尤其与他母亲的影响有很大的关系。

海明威一生结过 4 次婚，但是对他人生和人格起决定作用的并不是他的 4 位夫人，而是母亲格蕾丝。

格蕾丝是一个很懒散的女人，从小过着公主式的生活，是父母的掌上明珠。嫁给海明威父亲克拉伦斯的时候，格蕾丝就与海明威的父亲签订了几项规定，其中有一项是不做家务。婚后克拉伦斯一直遵守着这项约定，从来不让格蕾丝做家务，家中的大小事全由他自己处理。即便是有了孩子，克拉伦斯还亲自为孩子准备早饭，然后再把妻子的早饭送到床上。克拉伦斯是一名著名的医生，但无论他有多忙，都会亲自去购买各种食品、下厨、洗衣服、管理下人。这样更加纵容了格蕾丝自私的性格，这位大小姐非常排斥肮脏的尿布、生病的孩子、打扫房间、洗碗、做菜……这些事情她一次也没有做过。

母亲格蕾丝懒散的形象遭到了海明威的厌恶。再加上母亲的强势管教，总是强迫他严格遵守日程计划表、随时接受检查，还要求他保持端庄整洁的形象，这更加让海明威憎恨。

海明威为了对抗母亲的强势行为，曾坚持 10 天不吃蔬菜，为此不但挨了打，还患上了便秘。即便如此海明威也不屈服。在第一次世界大战期间，海明威远赴意大利战场加入反对佛朗哥的军队，并担任战地记者，在古巴内乱时支持反对卡斯特罗的地下组织，参加非洲探险活动，这都是他试图摆脱母亲的影响和为对抗母亲而做出的举动。

母亲的强势性格对海明威就是一种压制，让海明威一直处于一种弱势的自卑地位。这种自卑和对强势母亲的厌恶，使得他成年之后极为讨厌试图干预他的任何一个女人。这也是他选择多次离婚的原因。

可见，家长在孩子性格形成的过程中会产生极为重要的影响。家长的性格总是有一种很神秘的力量支配着孩子的言行和性格的养成。有时候家长对孩子的影响并非积极的，家长的性格以及言行会给孩子造成负担。家长的性格过于强势或过于软弱，对孩子溺爱或漠不关心，都会让孩子形成自卑懦弱、无情冷漠的性格，从而影响孩子的一生，甚至给孩子造成致命的伤害，这样的伤口一辈子都不会愈合。

如果家长能有一种相信他人的人格，就不会表现出对孩子的不信任，就不会在孩子端着一个水杯的时候，担心孩子会烫伤，或者摔坏杯子，然后从孩子手里把杯子拿走。如果家长这样做了，孩子会产生一种挫败感。长期受到这样的对待，他们就会认为自己连力所能及的事情都做不好，就更没有信心去做更重要的事情了。

对孩子成长影响极大的妈妈们要勇于改变不良的性格，把赞美和欣赏、自信和坚强，融入自己的性格中，让孩子阳光、健康地成长。

所以，培养孩子阳光的性格，应该先从家长做起。

作为父母，应主动找孩子交谈，关心其学习，倾听其理想，并加以赞扬和肯定，建立起孩子对父母的信赖感，在谈话中了解孩子的烦恼和困惑，对症下药，找出消除其烦恼的正确办法。孩子在日常生活中发生一些变化是正常的，是青春期心理变化在行动上的体现，家长不必过分注意和担心；对孩子的某些不切实际的想法和行动不要过分压制，否则会导致孩子与父母产生心理隔阂，增加孩子的心理负担。应该站在孩子的角度去理解他的想法，再进行正面引导。

创建快乐的家庭气氛，不向孩子宣泄"垃圾情绪"。家庭的气氛、家庭成员之间的关系，在很大程度上会影响孩子性格的形成。

父母的性格要乐观，这是对孩子有潜移默化作用的。所以，父母在家里遇到事情，要用乐观的态度面对，不要整天唉声叹气，也不要给孩子造成一种你无法承受的感觉，而要积极地、勇敢地面对困难。

有的父母在外面受了"窝囊气"，回来便对孩子发"无名火"。这种情况特别容易打击孩子的自信和乐观，因为孩子会把父母的恼火归咎为自己的错误，不知道自己错在哪儿，于是只好全盘否定自己。长久下去容易让孩子自责、退缩，并陷入消极的心理，使乐观的笑容被淹没。因此，父母在遭遇困难时能否乐观面对，对培养孩子的乐观品质至关重要。

教育孩子这样做：

听听强者的声音。多接触那些活泼向上、幽默开朗之人如同沐浴阳光雨露，让人快乐开怀，潜移默化中使自己变成阳光少年。

多去青年团、少先队、讲坛、论坛、专家报告厅、体育馆等地方，这里充满生机与活力，有动感的闪现，有真诚的交流感悟，有专家智者的激励，有群体互助的成就，在体验与思考中，心灵上的阴霾会在阳光地带消散遁形。

夸赞身边的人，包括家人、同事、邻居、合作伙伴，参与更多有意义的活动，这些事情做多了做久了，心态也就充满阳光了。

近日，我们学校的操场一直沸腾着。一大早，有早到校的男老师们打篮球，接着是晨练的孩子们占据了操场；午操之后是七年级学生的足球赛……操场一直是欢腾的。

踢足球的孩子们分别来自（2）班、（3）班和（4）班。运动员们精神抖擞，紧张、激烈、酣畅淋漓；观众们也是团结、紧张、热情高涨。有几个小男生在课堂上默不作声，但在操场上却生龙活虎，赢得了阵阵掌声。此时的他们是积极阳光的，充满了正能量和感染力。足球比赛唤醒了他们的积极性，也唤醒了场下孩子们的积极性，他们沐浴在阳光之下，生机勃勃，校园一片祥和。

一场下来，两个组踢成了 1：1。裁判员要求罚点球。这时场下呐喊声此起彼伏。不仅足球运动员精神焕发，学生也是自信满满、快乐满满。积极关注，呐喊助威，劲头十足啊！他们的这种气概被激发出来，然后学习上更积极主动了，很有凝聚力！

体育运动可以激发孩子的斗志，使得孩子充满活力，阳光积极。

除了学校的体育活动，家长不妨每周抽出 2 个小时陪孩子做做体育运动，如打球、游泳、爬山等。在这些活动中，能陶冶孩子身心，也能锻炼孩子身体，更能近距离和孩子交流。多好的事情啊！家长有没有到了周末就宅在家里休息，根本不管孩子呢？

公益活动是增强社会和谐的一种方式，也是关爱他人、提升自己的时刻，家长可以利用周末或者节假日带孩子参加公益活动，给孩子提供锻炼自己能力的机会，也可以培养孩子的社会责任感。有时候参加社区活动，有时候需要自己创造条件。

培养孩子掌握一门特长，如学习乐器或者参加体育项目、训练写作等。做这些事情可以提升他们的综合素质。

一个孩子如果仅有一种爱好，就很难保持长久的快乐感觉。试想：只爱看电视的孩子一旦晚上没有合适的节目，必然会郁郁寡欢。相反，如果孩子看不成电视时读书、看报或做游戏，同样可以乐在其中。

不训斥孩子，多鼓励支持。即便是天性乐观的人也不可能事事称心如意，也不可能"永远快乐"。要是孩子一时还无法摆脱困境，可以教育孩子学会忍耐，或在逆境降临之时寻求另外的精神寄托，如参加运动、做游戏、聊天等。

树立目标，激发孩子坚持不懈的品质；从小事做起，在实践中锻炼自己；做自己不感兴趣却有长远意义的事情。这些都可以帮助孩子具有坚强意志，最终成为积极阳光的人。

培养孩子积极阳光的心态，还要注意：多读经典著作、名人传记、经典美文等，让孩子在美好的文字里陶冶自己，用名人伟人的事迹感染自己。

77. 公益讲座：假期提醒家长的几件事情

每学年都有寒暑假，我们都想使这个宝贵的假期过得更加有意义，所以有几件事情和家长们一起讨论。

孩子的成长和家庭环境分不开，父母是孩子的第一任老师，父母的言行举止、生活习惯、知识水平、道德修养等对孩子有着潜移默化的重要影响。孩子要成长，而父母更要成长。孩子优秀的家庭，父母一般都很优秀的。不要听信有的家长说的他们在家里根本不管孩子什么的，他们在家里到底怎么管孩子您根本看不见啊，哪个家长希望自己的宝宝放任自流呢？没有这样的家长，除非家长思想不正常或者根本没能力管孩子；再就是优秀的父母已经在平时的生活中用自己的言行影响孩子，孩子可以自立了，孩子本身就优秀。

第一部分：孩子有什么特点，怎么想办法管好？（略）

第二部分：假期应该尽快提醒和帮助孩子梳理清楚几个问题。

（1）问题

①考试失误的原因到底是什么？应该怎么努力突破？

②这一年里所养成的好习惯有哪些？还有哪些习惯需要调整改变？你打算怎么做？

③健康成长需要具备的优秀品质有哪些？

考试失误的原因到底是什么？应该怎么努力突破？考试失误了，究竟是没有投入学习，还是自己粗心？是自己学习方法不科学，还是没有扎扎实实学习？是自己知识没有掌握好，还是考试之前的心理状态不好？

有好多孩子只停留在认真改错方面。认真改错，先明确知识点啊！这是从源头上解决学习中的问题。在学习方法和技巧上的反思更有利于孩子的进步。找到自己学习习惯和学习品质上的不足是更明智的反思。找到原因之后，请孩子自己选择突破的方法，谈自己如何改正。家长认真聆听。同时，您应该对他的方法和措施给予科学评价和指导。这样做，既可以了解孩子的状况，也可以激发、培养孩子的责任心，自己的事情自己解决。如果得到家长的点拨，他会更自信、更高兴的。

这一年里养成的好习惯有哪些？还有哪些习惯需要调整改变？你打算怎么做？在和孩子一起外出活动的时候，或者在其他方式的交流中，家长不妨问问孩子一年来养成了哪些好的习惯，学习上的、生活上的都可以说。是在启发孩子思考问题，也是家长在了解自己的孩子。你对孩子了解得越多，你就越有引导教育的机会，孩子获得的信息和知识就越多。

其实有很多家长来学校里和老师交流时，我们感觉到家长根本不了解自己的孩子。你可知道，孩子来到名校后，结识的朋友多种多样，他们互通有无，获得的信息非常多。在交流的过程中，家长该鼓励的鼓励，该启发的启发。如果家长是幽默的，是睿智的，是正气的，是宽容的，孩子就很容易学习家长的性格特点、思考问题的特点，学习家长的聪明和睿智。通过和孩子交流，让他找到自己的优点继续弘扬，认识到自己的缺点，帮助他分析危害，从而迅速改正。

健康成长需要具备的优秀品质有哪些？让孩子认识健康成长需要具备的优秀品质。这样不仅培养了他的是非观念，而且激发了他的责任心。并且告诉他，认真、勤奋、坚强、尊重、宽容、乐观、阳光、积极、有责任心，这些品质是必须具备的。

家长和孩子交流应该是在一种平等、尊重、关爱、和谐的氛围中。家长要鼓励孩子树立自信，不可嘲笑、讽刺、挖苦孩子。家长给孩子壮胆，不可懦弱、胆小怕事，犹豫不决、优柔寡断。鼓励孩子知错就改，积极向上，不可长期纠结在失败的悲哀里影响心智发展。为什么有的孩子积极阳光、干净利落、行动敏捷，而有的孩子却磨磨蹭蹭、愁眉不展、心事重重。家长应怎样和孩子沟通呢？

以上三个问题是一学年下来应该关注的几点，孩子不仅要学知识，更要养成良好的习惯，养成优秀的品质，这样对他的成长更有利。

（2）案例

我穿插一个情节，这是我们老师在学校里对孩子教育的一个真实情节，我们在教育孩子上践行，发现问题、纠正问题、思想教育和帮助发展的理念。

这是我的一段随笔：

下午快放学时，我留下了几个学习能力弱的学生复习知识点。既是为了巩固检查学生掌握知识情况，也是为了督促学生重视该课程的复习和学习。

忽然，小王急匆匆走进来，眼睛瞪得大大的，愁眉苦脸地说："老师！我有急事呢，我急着回家，这个默写我回家写，明天交给您，小林不让我回家！"说完望着我，等着我同意他的请求。

分析：其实，学校里的老师们对孩子更严格一些。越严格进步才越大啊！假如这个孩子执意要回家，轻信了他的话让他回家，那么这个知识谁来帮他弥补呢？他是不会主动第二天改好的。也非常感谢学生干部们，在老师的培养下养成的对学习的一丝不苟的态度。这种一丝不苟使得其他不愿意改错的孩子没有了可乘之机。

对于小王来说，起码在他的心里会有一个记录，做错事说谎话是行不通的，必须做正义的事情。所以家长看到这样的事情时应该感谢学校里的这种严格教育。只有这样，您的孩子才不至于产生缺点，孩子的进步才会更大。这种严格也是对孩子的爱，是一种更高层次的爱，而不是溺爱。

又如：

当我路过小王身边，发现他在讲桌底下的座位上，右手拿着两个一模一样的钢笔应付着，肖老师看不见他的手。"你怎么能这样呢！罚你写字你就想办法骗人！……"

"你看你写的字，像中国字吗？真是玷污了老祖宗，如果老祖宗看你把字写成这样，都被气死了！"肖老师风趣地说着。

小王只好重写。右手拿起笔认真地写，他这次写得工工整整，我不觉赞叹了起来！"原来你能写好啊，还写得这么工整！你以前写的字放任自流、没有规矩和约束，所以非常难看！做人也是这样，就要有规矩，否则就是最差的，形象差！人品差！终将被社会淘汰！肖老师这么热的天还得陪着你，你真得好好感恩肖老师。你遇到这么负责任的老师是你的福气啊！在学校里有老师管理你、提醒你，所以你不至于遇到更多的坏事而受到伤害。如果在社会上，父母老师不管，放任自流，可能会违反社会规则，甚至走上违法犯罪的道路，毁掉自己的一生……"

肖老师继续陪着他……

分析：假如老师很粗心没有发现他的问题，这个孩子的品质形成就会受到影响：作假、骗人等。假如老师对他置之不理，或者敷衍地说几句，他就难以改错，成长发展将受到影响。感谢有这么认真的老师把学生当作自己的孩子一样教育，一丝不苟，不惜牺牲自己的休息时间。

另外关于写3遍的惩罚，请家长不要质疑这种惩罚。这是帮助孩子正视学习态度的方法之一。

家长听了这2个情节，是不是觉得对孩子也要悉心呵护、一丝不苟、严格要求，这样才能和学校老师的要求合拍啊！一般情况下，老师能发现孩子很多细节上的错误，而社会人不一定能发现。

我们的孩子都很聪明，但他们缺少成年人的丰富经验，他们一旦钻空子骗家长、骗老师得逞，就会习以为常，是很难扭转的。家长不仅要密切关注孩子的成长，更要支持学校里老师们的要求。

第三部分：引导孩子做自立自强、会管理自己的人。

故事感悟：

富兰克林，美国著名政治家、科学家，同时也是出版商、印刷商、记者、作家、慈善家，更是杰出的外交家及发明家。1706 年富兰克林生于美国马萨诸塞州波士顿，参与了多项重要文件的草拟，并出任过美国驻法国大使。他曾经进行多项关于电的实验，并且发明了避雷针、双焦点眼镜、蛙鞋等。

他出身贫寒，只念了一年书，就不得不在印刷厂做学徒。但他刻苦好学，自学数学和四门外语，成为美国的政治家、外交家、科学家、发明家而闻名于世。富兰克林是个普通人，他是怎样走向成功之路的呢？富兰克林成功的秘诀是什么？就是善于自我管理。具备良好的品德习惯、自我管理和监督，是一切成功的条件。

富兰克林的自我管理从两方面入手，一是自我时间管理，二是自我品德管理，并辅以严格的检查。在自我时间管理方面，他把每天的作息时间列成表格，规定自己在何时工作，在何时做活动。

下面是他的时间表：

早上 5-7 点：起床、洗漱、祷告、早餐。规划白天的事务和下决心。

晨读和进修。在这段时间里，他向自己提出一个很有意义的问题：我一天将做些什么有意义的事？

8-11 点：切实执行一天的工作计划。

12 点 – 下午 1 点：读书或查账。吃午饭。

下午 2-5 点：把未做完的工作迅速完成，已经做好的工作仔细检查，有错的地方立即改正。

下午 6 点 – 晚上 9 点：整理杂物，把用过的东西物归原处。

晚餐、音乐、娱乐、聊天。做每天的反省。

此段时间，他提出了一个让自己反省的问题：我今天做了什么有益的事情？

晚上 10 点以后：好好睡眠。

在自我管理品德方面，他列举了需要自己培养的 13 种美德。

节制。食不过饱，饮酒不醉。

寡言。言必于人于己有益，避免无益的聊天。

生活秩序。每一样东西应该有一定的安放地方，每件日常事务应有一定的时间去做。

决心。当做必做，决心要做的事应坚持不懈。

俭朴。用钱不要浪费。

勤勉。不浪费时间，每时每刻做些有用的事情。

诚恳。不欺骗人，思想要纯洁公正，说话也要如此。

公正。不做损人利己之事。

适度、避免极端。别人若给了你处罚，应当容忍。

清洁。身体、衣服、住所力求清洁。

镇静。不要因为小事或普通不可避免的事故而惊慌失措。

贞节。为了健康，切忌伤害身体或损害自己以及他人的安宁和名誉。

谦虚。仿效耶稣和苏格拉底。

为了培养这些品质，他采取了一次只完成 13 项中的一项的办法。

他做了一个小本子，用红笔在每页画上表格，分别写上每周 7 天，然后用竖线画出 13 个格。每天用黑点记录当天完成该项道德手册中的步骤。这样不断反复练习，直至巩固为止。他每天检查自己的过失，目的就在于养成这些美德。

同时，他告诫别人，如果要学习这种方法的话，最好不要全面地尝试一起培养，以免分散注意力。最好是在一个时期内集中精力掌握其中的一种美德，等完全掌握了，再掌握其他的美德。

也许家长们最头疼的是，孩子明明知道该怎样做，却总是不好好做。家长不在家的时候孩子我行我素，对计划置之不理。

有一种孩子，是偶尔出现不认真按计划做，那么家长要做好提醒和监督。当然以鼓励和启发为主，切不可劈头盖脸痛骂一顿，那样不仅伤害孩子的自尊心，而且容易让孩子产生逆反心理，甚至让孩子觉得父母无可救药。

有一种孩子，是坚持不下来。一两天可以做到，时间长了，他就颓废了，随心所欲。这时候家长需要做的是帮助他坚持，每天按时提醒他，直到他翻过那道坎；当然，也要不断鼓励孩子，不要有半点松懈，不要让他有丝毫的动摇。

还有一种孩子，压根就做不到。

家长要发挥聪明才智，想尽办法调整孩子。

建议家长们，让孩子自己说说自己的假期安排。

一部分孩子能合理规划自己的暑假，家长根据实际情况进行科学指导，使他们暑假生活充实而有意义。

一部分孩子没有明确的目标计划，得过且过，完全放松状态。这就需要家长进行深刻谈话和帮助孩子调整安排了。不要说孩子不听家长的安排等丧气话，你是家长和监护人，你有责任和义务帮孩子安排和规划，要和他斗智斗勇，孩子能否听从你的安排，全在于你的本事。不过有些问题咱们是可以沟通商量的。

孩子需要鼓励和夸赞！但是要掌握好度。如果你对他不放心，可以让他自己书写日记和每天的感悟、启示。既能督促孩子管理自己，也能锻炼孩子的写作水平，培养其做事持之以恒的品质。偶尔，在休息时间，约几个同班优秀的孩子和家长一起聚会，在这种环境中让孩子互相感染、互相学习、沟通交流，发现孩子特点，关注孩子，促进孩子健康成长。其实家长可以采取的方法非常多。

第四部分：读书学习，完成任务。

我们都听到这样一段话："几年前的数据，中国人均读书4.3本，比韩国的11本、法国的20本、日本的40本、犹太人的64本少得多。"人的精神发育史实际上就是人的阅读史，一个民族的精神境界，在很大程度上取决于民族的阅读水平。多读书，是改变人生匮乏、贫弱、苍白状态的最好办法。它不但改变人的精神、气质和品性，还能使人不断增长职业智慧，事业闪耀光彩。

有这样一段描述：阅读的生活与人生，草长莺飞，繁花似锦；不阅读的生活与人生，则是一望无际的、令人窒息的荒凉和寂寥。

生命因为读书而充实，因为充实而快乐。尤其是在物质生活丰富的今天，多读书对我们每个人来说都是十分必要和有益的。而且，人类的进步、时代的发展，给读书注入了新的内涵。多读些书，对我们每个人来说都是十分必要和有益的。

放假这几天，西安汉唐书城的朋友说看书买书的人数暴涨，中小学生偏多，多是家长陪同来的，很多家长给自己的孩子准备了满满的精神食粮。是值得点赞和学习的优秀家长！

听说过吗？有些学霸在七年级的时候已经开始学习和预习八年级的物理课了，有些学霸英语学习已经达到高中学生的水平了，有些学霸的读书笔记已经写满了厚厚的几个笔记本，你家的学霸有哪些令人惊叹的成就呢？

有的孩子利用暑假发展自己的特长，学游泳、练书法、弹钢琴等。有的孩子参加各种形式的社会实践。有的孩子参加公益活动，做了很多充满正能量的事情，撰写了实践感悟，收获了很多照片、信息、纪念物等，真正把读书与实践结合。

培养孩子有主见，自己的事情自己处理解决。沉迷于手机等，肯定是弊大于利，对眼睛不好，浪费时间，对学习不利，受到一些不良信息的影响，等等。但是有的家长知道不能让孩子刷微信、刷抖音，就是杜绝不了。

别灰心！凡事都有解决的好方法。首先家长自己不刷微信，能做到吗？家庭的话题以知识、书籍、社会热点等为主。

寒暑假里，尽量让孩子出去走走，陪孩子一起去，让他们见见世面。这样见了同学也会有更多的话题。

当然，一定要提醒孩子，学生切不可忘记自己的任务，即学习任务，查漏补缺，完成假期作业。

第五部分：锻炼身体，做家务。

（1）锻炼身体

在上课期间，有的学生因生病而不能上学，家长拉着脸痛苦诉说孩子身体不好，那么利用假期赶紧治疗和调整吧。有的孩子体育不达标、肥胖、偏瘦。城市里的孩子身体素质越来越令人担忧。利用假期加强锻炼。请尊重体育老师的安排，帮孩子规划好体育锻炼。有些孩子想利用暑假减肥，也应该实施计划了。关注健康的方式比较多。

但是这个时候是孩子生长发育的最佳时期，一定不能缺少营养，因为孩子减肥会导致营养不良，身体出现问题！运动是最好的方法。生命在于运动。运动会使你越来越健壮，运动会使你越来越健康，运动会使你容光焕发，运动会使你性格更开朗、思维敏捷，运动会使你学习效率更高。

（2）做家务

家长们，让孩子做家务吧。

生活常识，他们知道吗？油盐酱醋，各种生活用品，他知道在哪里买吗？这些在厨房里怎么存放？进了厨房会不会操作各种器具？家里的水、电卡在哪里放，怎么操作？

训练孩子做饭。米饭炒菜，陕西的特色，《白鹿原》里香喷喷的油泼面怎么做？将来上学出了西安可以和外地孩子说一说油泼面……

传承中国人的美德"黎明即起，洒扫庭除"（出自《朱子家训》），让孩子搞搞家里的卫生。孩子在学校里已经学会了扫地、拖地、擦桌椅、叠抹布等。请放手让他们做吧！

曾经有一个女孩，名牌大学毕业后在深圳一家公司上班，快结婚了，有一天自己想做饭，电话打给妈妈，问的都是做菜的细节。

当然，家长要有目的地实施，孩子的任务毕竟是学习和成长，做家务是他应该具备的能力。

第六部分：孩子的安全问题。

前几日，又有一个中国女孩子在美国失踪。为什么失踪的总是咱们中国女孩子？孩子如此优秀，家长怎么经受得起这样的打击呢？也是值得思考的问题。

告诉孩子财产是身外之物，逃命是首要的。不要和陌生人搭讪，其实生活中不安全因素有很多。

有一天晚上9点多，我下了地铁坐上了一辆出租车。背着包，手上还提着一个纸包，刚刚参加了一个活动，穿得比较时尚吧。司机主动和我说话，我感觉他不是一个厚道的人，也就不理他了。他手上拿着对讲机，不知是表演还是业务繁忙，或者在给对方发什么信息，边问我话边和那边人说。他呼叫对方不喊名字，喊道"乌云乌云……"，我感觉很奇怪，也很反感！我对回家的路很清楚，在我的严厉要求下他按照我要求的路线开车。他并没有把车停到我们小区门口，而是在距离小区50米远的地方就停下让我下车。我从包里取钱看不清楚，而他不自觉主动开后边车灯，回过头往后看，然后瞄着我的包，我故意从包里掏出一把零钱，五块、十块给他数！数好了钱给他，我要票，他装着没听见，也不吱声。我一下车，他立刻启动车走了。正在这时，身后同时出现了一辆摩的，"大姐大姐"

201

地叫我。他的叫声中有一种求助的信号，第六感告诉我，此刻情况怪异，我先顾好自己吧。

我大步向我们小区门口走去，心想，门口有保安值班，万一他真的需要帮助，保安就能帮助他啊！我头也不回地穿过马路走到保安亭。

当我回过头一看，开摩的的是一个小伙子，精干利落，他并没有把车开到我们小区门口，也就是说，他并不需要帮助啊！喊我干什么？为什么时间把握这么好，我一下出租车他就正好赶到？我的心里顿生恐惧！当时快晚上 10 点了。我感觉生活中不安全因素还是很多。假如我大意了，下车和他搭讪了，在黑暗的角落会发生什么，不得而知。

所以，告诉孩子必须有安全防范意识，有自我保护意识，不可掉以轻心，悲剧往往就发生在一瞬间！女孩子应该学一些简单的防身技巧。其实那天之后，我很想学习简单的擒拿动作防身！

告诉孩子不要接受陌生人送的饮料和食品；男孩女孩出远门一定要结伴而行。

要有安全防范意识，要有自我保护意识。

在家里防火、防盗、防触电等。遇事要冷静，智慧思考。

每年对青少年伤害最多的当然是溺水。游泳一定要到正规游泳池，有成年人保护再游。不可轻易下水，最平静的时刻往往是危机四伏的。

告诉孩子遇事多和爸妈商量。

家长要给孩子树立榜样，家长要充满正能量影响孩子。有的家庭，父母闹矛盾，三天一小吵五天一大吵，孩子没有一个好的生活学习环境。父母在孩子面前必须是恩爱和睦的，让孩子感觉到安全和幸福。父母都要展现自己的优点。特别是父母要在孩子面前互相包容、互相夸赞，让孩子觉得自己的父母有知识、有道德、素质高。切不可互相挑刺、互相诋毁，更不要互相抱怨。

前几天一个孩子走丢了，大家一直在关注、寻找，那种热心令人非常感动。从家长的微信内容可以看出很多家长是语言高手啊！敬佩！希望咱们这个群的文化氛围更浓一些。在这里可以晒晒孩子的成就，如孩子的手工、书法、绘画，孩子假期的公益活动等。也可以在不影响孩子学习的情况下展示孩子的特长，展示自己的成就，晒晒孩子的诗歌、美文、旅游的所见所闻、照片等饱含正能量的内容。大家可以互相讨论孩子成长的问题。

还有些家长说到了男孩女孩交往的事情。别担心，这个内容课本中已经讲到了。聪明的孩子是不会在这方面花费心思的，而且他们抓得住主次，明明自己这个时候的任务是学习使自己更优秀。没有几个孩子过早地沉迷于此。有时候他们也玩，家长要提醒孩子不要过度，提醒孩子要把精力放在学习上。有些孩子生性仗义，乐于助人，女孩子被帮助也是情理之中，提醒孩子不要纠结于此，内心坦荡，言行得体。

假期里不可过度追剧。放假我是比较忙的，以前没放假时演的《白鹿原》《人民的名义》是本打算留到假期里看的，但是至今还没有抽出时间来呢。没放假时要欣赏的书法、准备写的美文、准备学习的歌曲、准备要见的朋友等，好多都没实现呢。就是说，把孩子的假期尽量安排得充实些、有意义些。让他们做适合自己的事情。当然还是以学习为主，以扩充知识、提升能力为主，还要以培养好习惯和好品质为主。

愉快的假期自己做主，幸福生活在于自己创造。自己的孩子自己要精心哦！

第七部分：负责任的家长还在做什么？

曾听说有一个大四的学生，20多刀杀死女友后自杀未遂。小伙子自幼习武，身高一米八多，一表人才，一审判死刑，几个律师到看守所会见后，都没心思吃饭，觉得这孩子实在太可惜了。但和他父亲见面后，顿时明白了这孩子走到今天的原因。他父亲痛苦地说：这孩子从小就很乖，不像我脾气暴躁，说话就急眼，急眼就动手。

这说明什么？家长的言行时时刻刻影响着孩子。

父母是孩子的一面镜子，孩子是父母的影子，不要只羡慕别人的孩子学习好，要自己反思，你像别的家长那样付出了吗？不要抱怨孩子。合格的家长并不是要求父母有多高的学历和社会地位、有多少金钱。

家长的榜样力量很重要。所以咱们家长争取在行为习惯、为人处世等各方面给孩子做表率、做榜样，少看点电视，少玩会儿麻将，挤点时间，多看点书，和孩子一起成长。相信这个假期一定很有意义。

第三章　桃之夭夭，灼灼其华

花儿的美丽芬芳离不开阳光的照耀和雨露的滋润。终于，校园里呈现出美好的画面：朵朵花开……

78. 用铅笔骚扰同桌的孩子

> 每一个孩子都是一个希望，是家庭的希望，是祖国的希望，是人类的希望；每个孩子都是一朵含苞待放的蓓蕾，他需要在爱的阳光和雨露下绽放成美丽的花儿。

同事请假了，我临时替她上课。

快下课的时候，我播放了前一节课他们没看完的一段视频，题目是《讲述》。

第一排坐着一个小男生，忽闪着一对大眼睛，蛮可爱的。我走到他跟前时，边上的男生愤怒地说："老师，我同桌拿铅笔骚扰我！"只见这个小男生难为情地解释："我没有，我只是想和他玩儿。"

圆圆的眼睛，顽皮的样子，但是知道自己惹怒了同桌，很内疚。我给他俩讲道理，学会善待他人，珍惜友情，等等。两个孩子很真诚地点点头。

我给他们班上第二节课，大眼睛男生竟然没带课本，桌面上什么也没放。上课铃声响了，他却心情难以平静，左顾右盼，站也不是坐也不是。这种异常的表现让我莫名其妙。我组织教学的时候，他终于静下来了，和其他同学一样认真听课。虽然没带课本，却开始拿本子写笔记。

仍然是在快下课的时候，学生自己阅读，而他却凑在同桌耳朵旁说话。同桌用一种非常郁闷的表情看了我一眼，好像在祈求："救救我吧！"

我走过去，轻声对大眼睛男生说："你站在同桌的角度想想，如果你在认真学习的时候，别人来找你玩，你是什么心情呢？"他听完，眼睛一亮，安静了很多。

……

当我转过身往教室中间走的时候，忽然又听到窸窣的声音，我转身一看，他要拉同桌的手。

我问他："干什么？"

"握手！"他说得很干脆。

"不是！他使劲捏我的手，要捏碎了一样！"同桌痛苦地说。

我伸出右手："来，咱俩握手吧。"

他摇摇头："老师，我会把你的手捏疼的，我不！"

我说："没事，你捏不疼，我这只手是写毛笔字的手，不会被轻易捏疼的！"

他仍然不肯！

……

我慢慢走到他的座位旁，他正在翻弄一个漂亮的笔记本。我拿过来欣赏，发现上面没名字，示意他写上姓名。他的字写得很漂亮，笔记本很精致，我想他应该是一个被父母管得比较严格，但又很调皮的孩子吧。这种孩子一般比较有个性，用纪律规则约束根本解决不了问题。因为他很好奇，又很爱思考，不受约束，富于创新，一时一刻也闲不下来。

同桌的性格和所接受的教育和他截然不同。他挑起的事端，在同桌看来是很不合时宜的，是很影响课堂学习的。他们合不来。

我想到了"因材施教"。每一个孩子都是一个希望，是家庭的希望，是祖国的希望，是人类的希望；每个孩子都是一朵含苞待放的蓓蕾，需要在爱的阳光和雨露下绽放成美丽的花儿。

79. 团结互助，从课堂做起

也许对这两个男生来说，从此他们就感悟到了上课听讲的重要性，就掌握了上课听讲的方法要领，获得了同桌的帮助，心里有一种暖融融的感觉，更重要的是课堂学习效率也大幅提升了。

今天我给这个班上第三节课。伴着预备铃声，我出现在教室门口，学生整齐地坐在座位上，桌面上放着要用的课本和笔记本。

我很欣慰，因为他们课前的状态很积极，这是我前两节课教育成果的体现。

第一个环节，我提问了上节课的两个问题。初入初中的一段时间里，有些学生变得内敛了。举手回答问题的并不多，我就顺着座位往下叫，基本回答对了。当轮到第一组的第五排、第六排时，连着的两个男生都说不会。为了引起重视，我专门请他们的女同桌站起来回答问题，两个女同桌很优秀，说的答案都正确。我又分别让他们两个再说一次答案。很遗憾，结结巴巴，答非所问。

天啊！这么简单的问题，别人都说两遍了，竟然还不会！

分析原因：上节课没学会？对别人的学习过程不关注？自己没有学习的主动性？对自己的同桌都不关注吗？根本不想学习这个内容？这是纯粹的思想问题吗？会不会有更糟糕的情况？

他们两个站在那里，愧疚地低着头。

在全班同学的注视下不会回答问题，是很丢面子的事情啊！上进心强的学生是不允许自己这样的，他会想办法把答案说准确的。他俩是属于缺乏学习主动性、缺少上进心的一类学生。他们刚才侥幸自己能逃过老师的提问吧！可万万没想到我真的会提问他们。结果使他们如此难堪！

得到老师表扬和同学的赞许，是所有学生希望的事情啊。而他们竟然……看他们的样子，不像是学习态度有问题的。看来不是纯粹的思想上的问题，而是学习方法不恰当、不会学习造成的。

我启发其他学生说自己课堂上是怎么听课的。学生纷纷发言，说到了专心听讲，勤于思考，认真做好笔记，等等。

他俩反思到自己课堂听讲不认真，特别是没有及时记下笔记，所以导致此刻的难堪。

后来，我特意要求两个女同桌监督和提醒他们听讲和记笔记。班级是一个大家庭，应该是团结合作、互帮互助、共同进步的。两个女同桌欣然答应。

这个微不足道的学习方法很快就实施开了。在本节课学习过程中，他们的同桌一直在监督和提醒他们学习。这两个男生整节课的学习状态都很好，这种情况影响着班里的每一个同学，班里形成了互相监督、互相帮助的听课风气。

也许对这两个男生来说，他们感悟到了上课听讲的重要性，掌握了上课听讲的方法要领，得到了同桌的帮助，心里有一种暖融融的感觉，更重要的是课堂学习效率也大幅提升了。

这两个男生学会听课了。在这个班里，团结互助的种子发芽生长了，而且是从课堂上开始的。

80. 背着书包来上学

名校是一种文化，是一种美好品德传承。虽然学生各有不同，但都是为着同一个梦想而来。千姿百态，都是生命的奇迹。他们有权利享受名师的风采，沐浴在爱的滋养之中。

每天早上 7 点来到学校，门口已经站满了学生。他们背着书包，焦急地望着学校大门，期待着，期待着。虽然没到开门时间，值班的老师早就站在自己岗位上了。这些学生这么早来学校，昨晚休息好了吗？会不会很疲惫呢？

我为孩子们上学的激情赞叹！

他们个个怀揣梦想，所以，脚步这么有力，意志这么坚强。

校门打开了，我疾步走向五楼办公室。他们也犹如脱缰的野马奔腾而来，但很快自然形成一列纵队，靠着楼梯右侧，自觉有秩序地前行，脸上洋溢着胜利的喜悦，脚步变得更为轻松。

我为孩子们的认真和守规则而高兴、喝彩！

在这样的情境之中，你真想象不到：他们中间曾有不写作业的，有懒于听讲的，有和同学闹矛盾的……每天都有意想不到的事情发生。

是的，他们正在成长，难免会有这样那样的问题。

整洁的校园，宽敞明亮的教室。你还想看到一种什么景象呢？

想看到操场上跑步锻炼身体的矫健身影，想看到走廊中相互问好的文明交往，想看到阅览室里如饥似渴的阅读，想看到打破砂锅问到底的执着，想听到教室里琅琅读书声。这是一幅最美丽的校园画面。

一到下课，寂静的校园立刻沸腾起来！他们或欢快地走过，或焦急地呼唤，偶尔挽起同学的手臂表达彼此最亲密的情感，偶尔善意拍打同学的肩膀展示自己的快乐，绽放美丽的笑容。

看到这些，我总想知道他们为何这般快乐。

因为他们纯洁无瑕，因为他们天真可爱，因为他们玲珑剔透。他们是大自然最美的作品，他们是天使。

上课铃声一响，他们迅速回到各自的座位，做好上课的准备。随后在老师们的引导下或阅读，或记录，或讨论，和老师配合得非常默契，师生融进了精彩的课堂活动之中。

师生在知识的海洋里遨游，一天又一天，一年又一年，一起成长着。

"栽种思想，成就行为；栽种行为，成就习惯；栽种习惯，成就性格；栽种性格，成就命运！"

名校是一种文化，是一种美好品德传承。虽然学生各有不同，但都是为着同一个梦想而来。千姿百态，都是生命的奇迹。他们有权利享受名师的风采，沐浴在爱的滋养之中。

每天背着书包来上学，从懵懂少年到栋梁之材，演绎的故事千千万万。他们走的是一条曲折蜿蜒的路、一条充满艰辛的路，但路上芳香四溢，浸润着老师的谆谆教诲和同学之间的深厚情谊。

81. 谁做的坏事

一场误会，因为孩子们品行端正、思想积极而平息，懂得友善相处，良好的班风已经形成。

老师是一位入职刚几年的年轻女老师，北师大的研究生。气质娴静，语气温柔，不急不躁，轻灵细腻。对工作是满腔热情，一丝不苟；对学生更是无尽关爱，细心呵护，犹如春风化雨一般。

开学不久，班里被她管得井井有条。学生就像她一样，喜欢安静，喜欢思考，文质彬彬。

一场风波发生了。

家长微信群里出现了一张图片。家长这样描述：

"各位家长：请大家不忙的时候问问孩子！孙小刚的衣服谁给弄脏的！其实衣服不是多大问题！但事情很重要，孩子们还小，真诚很重要，孩子们在一起要相处三年！也会成为一辈子的朋友！希望坦诚相告！我今天才知道！"

家长很着急，也很真诚，他想知道谁在欺负他的孩子。

班主任已经开始调查这件事情了，只是没有一个孩子承认是自己干的。班主任也为自己的疏忽向家长道歉，承诺一定会处理好这件事情。

其他家长看到图片后对这个家长这样回复："孩子说您儿子很热情，积极为班级做事，孩子很感激您的儿子，不是他画的。"

这个孩子穿着新买的一件校服上学。早上到了学校，不到10分钟，又来找班主任："老师，我的衣服又被人画成这样子了……"

同样的笔迹，同样的位置。

富有经验的英语老师在家长微信群看见了这件事。一大早去了教室，和班主任一起，让孩子把背书包的动作和走路的动作还原了一遍。发现书包底下有一支没有盖上笔帽的签字笔。

"罪魁祸首"就是这支笔。

孩子背上书包走路的时候，这个没有笔帽的笔头刚好露出来，在衣服上画上了一道道的笔迹。

孩子难为情地低下头，家长了解情况之后也表示抱歉。

班主任这时候才长长舒了一口气。班主任一直以为是自己工作的疏忽而使这个孩子被欺负，一直道歉并自责，心急火燎地查问题。这两天，她时刻在观察思考，想查出是哪个学生画的。终于水落石出了，原来是场误会。

"初中阶段的学习，包括知识的获取、能力的培养以及如何做人。"不是哪个学生故意搞恶作剧加害于这个同学，事发之后，孩子第一时间想到的是这个同学为班级做事，应该感激他。可见孩子们品行端正，思想积极，友善相处。良好的班风已经形成。

这个孩子由于年龄小没有先从自身找问题。如果他有一定的生活经验，就不会告诉家长是别人画的。

家长非常关爱自己的孩子，很注重孩子的做人问题以及相处三年的同学友情。每一个孩子都是一朵美丽的花儿，我们和家长一起期待花开。

82. 小男孩的真诚

> 我忽然想起了作家罗曼·罗兰说过的一句名言："真诚是使一个人伟大的最基本的力量，它使一个人的缺点和错误也能变得被原谅。"

真诚是一种美好的品德。自古就有"天道酬诚"之说。

一大早，我走进校园，背着包，右手提着笔记本电脑往五楼走。隐隐约约听到有人叫我。我转过身的时候，他已经跑到了我身后，伸出左手抢电脑："老师，我帮您提！"

一个超薄笔记本电脑并不重："不用了，我来吧！"他执拗地夺过电脑，硬是要帮我提。

我细细一看，原来是他。脑子里回想起他的课堂表现。总是课前第一个到我办公室拿教学材料和 U 盘，播放课件，主动帮我给同学盖红蓝章。因为在我的课堂上总是有很多的提问和活动，举手发言正确的、表现好的同学总能被奖励很多红章，个别表现不好的就盖蓝章。课堂上的我总是一边讲课，一边窜来窜去盖红蓝章。而他看到了，主动要替我盖红蓝章，我很感激他。

他得到的肯定和赞扬使他有了强烈的自信心，表现得更加积极，总是很主动地遵守课堂规则、支持课堂活动、解决同学们的学习问题。他的表现也带动了其他同学，每节课都会有一些同学抢着要帮我。我就给他选了一个帮手，一个盖红章，一个盖蓝章。两个男孩子那个骄傲和自豪啊，喜悦的表情像花朵绽放。他们偶尔对视着扭扭腰身和屁股，舞姿充满了美感，那么默契，无可挑剔。更重要的是他们喜悦之花的怒放，瞬间感染了我和同学们。

他今天早上戴着一个大口罩。我问他早上吃的什么饭，他说没吃饭。怎么能不吃饭呢？我让他拿我的饭卡去食堂吃饭，他说不想吃。我问他为什么，他说周末自己头疼，生病了。

我想，临近考试，他们是第一次参加中学的考试，可能是压力过大导致的头疼吧。随之劝说他看轻考试，自己学好知识，能力得到提升比分数重要多了。他却说："老师，我没有压力，就是头疼！"孩子很真诚。

他的真诚又一次感动了我。他生病了还这么坚强地背着书包来上学，而且此刻没有吃早饭，还执着地帮我提电脑，关爱别人。他只有十来岁啊！

这种真诚的品德也许是从小受父母的教育影响形成的，这种真诚使人温暖，使他更优秀！

很快到了我的办公室门口，我接过电脑笑着说："我这里有饼干，一会儿饿了，课间就来我这里吃哦！"他低着头说："老师不用了。"扭身就走。

我望着他的背影，心里有些惆怅。他生病了，不想吃饭，会不会还有其他原因呢？

小男孩的真诚再次感动了我：面对这样的学生，我的心情难以平静。该怎样引导好他呢？

83. 加油吧，我的"小独角兽"们

那一天，小娟老师夹着书本走进课堂的时候，教室里传来"老师我爱您"的喊声。那种发自肺腑的喊声，在校园里久久回荡！不用多说什么了，学生的表现足以看出小娟老师在他们心目中的分量。

这封信的作者是小娟老师，教数学课，担任班主任，30岁，入职不到10年，但教学基本功很扎实，工作很细致，很勤奋，爱思考。每天放学后孩子们都回家了，她还要工作近一个小时，甚至更晚。

她一边收拾桌面，一边思考问题的模样最有魅力：弯弯的眉毛，一双会说话的眼睛，鼻子高高翘起来，很漂亮。

这个在办公室不爱说闲话的美女老师给了我很多思考：优秀、认真、方法好、效率高！

有一次我和她一起去食堂，她静静地伴着我，犹如一朵馥郁幽香的兰花。我禁不住说："小娟，你长得好漂亮哦！眉毛、眼睛、鼻子都很精致哦。"她笑了："牛老师，哪儿呀，我跟我爸爸像，他也是一位老师。"

小娟老师的初中、高中和大学都是名校毕业。

在讲"师长情谊"前，学科老师建议班主任给学生写一封书信。小娟也写了一封信，很感人。

亲爱的孩子们：

你们好！这是我第一次提笔给全班同学写信。其实书信是一种很好的交流方式，希望我们以后能多用这种方式沟通、交流。此时是深夜 11:45，我想此时大多数同学可能早已进入梦乡，但我却没有丝毫的睡意。从前天我得到你们期中考试的成绩起，我就一直在分析每个同学各科的成绩，为你们取得的优秀成绩和进步而感到高兴，也为你们的不足而沮丧。但不管成绩怎样，我们班在我们每位任课老师眼里都是最优秀的班级。

不经意间我们已经一起度过了大半学期的学习生活，还记得我们班的第一次相识吗？是军训前的报到，没记错的话是季小博第一次高高举着班级的牌子，我们其他的同学在他身后站成一列。我就这样看着我的一个个孩子走进了我们这个大家庭。这半学期过得真快，你们长大了，从稚嫩的小学生蜕变成了优秀的初中生。我经常会为你们的一点点进步与改变而欣喜不已，也会为许多同学的坏习惯迟迟改变不了而苦恼。

作为老师，尤其是作为处在人生花样年华的你们的班主任，我深知肩负责任的重大，很清楚自己的所做所想对于你们的成长意味着什么！因此，我对自己从事的工作不敢有丝毫的懈怠，当然，我更希望用这种对工作的热情来影响你们，让你们都能拥有对学习精益求精的精神和对成功执着追求的意志。

对于你们，我也会感到愧疚和歉意。说实话，我虽然算不上一位特别优秀的教师，但我肯定是一位负责的班主任。我对我们这个班级的每一位同学都寄予了极大的希望，希望你们能志存高远、奋发拼搏，每一个同学都能在这几年中有所建树，所以对大家的要求就格外高了些，甚至有时好像不近情理，希望大家能够理解。我知道大家对我的态度是既敬又惧。我常常在反思自己的工作，很想找到一种宽严适度、赏罚分明，既能关注你们的感受又能促进你们全面发展的方式，但这二者之间似乎很难和谐统一。所以有时采用的方式就会略显简单粗暴，对此，我深表歉意！

对于这个班级，我更感到自豪和自信。我可以自豪地说："我们班是一个无坚不摧、团结奋进的集体。"在上半学期，我们班的量化考核一直名列前茅，在武术操比赛中我们以绝对的优势荣获冠军。所有的成绩都源于你们，源于你们热爱这个班级，你们热爱这里的一切，才会融入，才会为之努力，才会为之改变。现在说离别或许为时尚早，但细想想我们在一起的时光不过就短短6个学期，其实现在已过去了1/12。珍惜我们在一起剩下的每一天每一分钟吧，用你最佳的状态上好每一堂课，用你最友善的微笑去对待身边每一个同学，用你最认真的态度去完成每一天的作业，青春没有后悔，奋斗的青春最美丽！现在，请所有同学转头看看后黑板。我们班的初心是什么还记得吗？小娟老师从第一天就为我们定的目标：我们是最优秀的班级，你们是学校最优秀的学子。所以让我们扬帆起航，继续前行！加油吧，我的"小独角兽"们，用你们的努力谱写出独属于我们班的精彩篇章。

致

礼

你们的班主任

××年11月22日

当学科老师读完这封信的时候，班里响起一片掌声，学生当然理解自己的班主任了。每天早早到教室，很晚才回家。宝宝只有两岁，但她没时间照顾，由宝宝的奶奶照看。小娟老师一心扑在这些学生身上。上课、改作业、纠错、谈心、做指导。管理学生的方法多种多样，既有利于帮助学生形成好习惯，又能调动学生的学习兴趣。

那天我正在备课，一个学生走到我眼前："老师，您知道我们小娟老师的生日是哪天吗？"

我看着孩子真诚的样子，脑子里立刻检索她的生日，很遗憾我真的不知道。但我知道，孩子是想给小娟老师一个惊喜，想让小娟老师知道他们记得老师，他们也爱老师。

那一天，当小娟老师夹着书本走进课堂的时候，教室里传来"老师我爱您"的喊声。那种发自肺腑的喊声，在校园里久久回荡！不用多说什么了，学生的表现足以说明小娟老师在他们心目中的分量。

在这些 10 多岁孩子的心中，"老师"的称呼显得无比地神圣。

老师的形象是高大的，老师的责任更是重要的！

84. 最美办公室

> 就像办公室室长所说，我们不为那一个"最美办公室"的牌子，只是为了享受"最美办公室"的文化，提升自己的境界和情操。

办公室有多美，我给你说一下最美办公室的诞生过程吧。

我们的办公室坐落在校园教学楼五层最西边，面积不大，有一个洗手池、6 张办公桌。5 位美女老师和 3 位帅气的男老师，平均年龄不到 35 岁。办公桌上陈列着教本和办公用品，然后是学生的作业本。只要没放假，桌上的作业一直满满地摆着，每一沓都有 50 多本，都被追求完美的老师们整得井井有条。

每天早上，老师们早早到办公室，扫地擦桌子，把办公室整理得干干净净，美女老师还专门定制了鲜花插在精致的花瓶里，散发着阵阵清香。每次看见竞相绽放的各色美丽鲜花时，心情就像花儿一样，幸福而愉悦！

学生上课的时候，办公室里一片寂静，虽然老师们在工作，但是仍然静悄悄的。他们忙碌地思考、书写，或是批改作业。偶尔会感叹一句、询问问题。只要到了下课时间，这种宁静会被一声声"报告！"打破，然后进来一拨一拨的学生，拿着作业来交的，拿着试卷纠错的，拿着课本背诵的。他们只要一进来，就自觉地排成一个长队，按顺序见老师。

每天都是这样。不知什么时候领导检查了办公室。过了几天，隔壁办公室门上挂上了一个"最美办公室"的牌子。

我们纷纷去隔壁办公室看了又看。终于发现，他们的办公室很宽敞，墙面被装饰过了。我们的办公室没有这些。

办公室室长给自己班里的学生说了，请大家和我们一起创建"最美办公室"。真没想到，学生的积极性很高。中午来了一拨学生，下午又来了一拨学生。他们给办公室的墙上添了精美的图画。下班之后，老师和学生都没有立即回家，一起动手，撸起袖子装扮着办公室。

可爱的学生们把自己准备的素材拿出来，思量着，决定给语文老师选一种温暖的颜色。他们说语文老师很温柔，知识渊博，很爱学生。语文老师北师大研究生毕业之后就来到这里，把自己美好的青春贡献给了教育事业，辛勤工作，细心呵护孩子们成长。她站在旁边观察着，满含感激地望着他们把心里美好的想法呈现出来。

数学老师是一位精干的美女老师，课带得好，班务也做得好。他们给数学老师这边的墙上贴了一张画像和一匹骏马的图片。我一直以为是学生买来的自己心目中最美的图片贴在这里。画像是一位旦角演员，扮相美艳绝伦，堪比精致的玉雕，美极了！

英语老师这边的墙上刚好有一块小黑板，上边写了四个字"启智修德"，被彩笔描了一幅简笔画，映衬着这四个字。听说是英语老师让孩子写的这四个字。其他两位老师的墙上分别是卡通图片和小动物的图案，被他们放在一个框子里。每位老师桌前都被贴了很多图片。

办公室变了。更加有内涵、有韵味！

第二天上班的老师们看见办公室的变化，赞不绝口！这些孩子们真是有智慧、有爱心！老师的脸上绽放了笑容，怀着满满的感激之情走进了教室组织课堂。

凡是来过我们办公室的老师，纷纷惊叹办公室装点得很独特。当听到这是学生们的杰作时，更是赞叹！

就像办公室室长所说，我们不是为了那一块"最美办公室"的牌子，只是为了享受"最美办公室"的文化，提升自己的境界和情操。

难忘这一个"最美办公室"的产生过程。

85. 一件小事

> 我很感动。一个自己没有教过的学生竟然有这样的境界。我感激教师职业，我感激人性的无私，感激人与人之间的相互关爱，更感激学生心灵的高贵……

古城迎来了 2023 年的最后一场雪。雪花纷纷扬扬在天空飘舞了一天，把自己的轻盈和妩媚尽显无遗。城市的道路上从没有留下雪的痕迹，只是在树枝上、草丛中散落着斑斑点点的积雪。感觉气温降了很多，换上了冬日最厚的棉袄，还是没有抵御住严寒。

喜讯在同学群里传来，"2023 年 12 月 29 日老同学给儿子办婚事"。总是在这样的活动中和毕业近 30 年的同学聚会聊天，我想着心事，怀着愉悦的心情走在街上，看看路边树丛中残留的积雪，竟觉得不那么寒冷了。

"山路有雪还是不开车比较好，搭上同学的顺风车去吧。"家人这样建议我。和同学约好在枫林绿洲西门等我。放学后我去乘坐 35 路公交车。

急匆匆赶到车站，身上没有零钱，车上不让扫微信。零钱？只有 10 元的一整张。我正发愁着。

忽然听到有学生招呼我。呵，都是我们学校的学生，穿着校服，背着大书包，聚在一堆儿，抬着头等待着公交车。一个学生问我去哪里。我说去枫林绿洲西门。他指着旁边一个男生说他也是去那里，和我同路。

我望着和我同路的男生，我们并不认识。但是他很有礼貌地向问我好。我和他聊起来。"你带公交卡了吗？可不可以帮我刷卡，我给你零钱。"

学生笑着说："35路不刷卡！投2元钱。"

我望着公交车开来的方向说："那你有零钱吗？帮我投下钱，我再还你。"

我问他是哪个班的学生。

"35路来了！"顺着声音，我终于看到了姗姗来迟的公交车。

我看着和我同路的学生低着头在包里翻着，很忙碌的样子。过了一会儿，他挤到我跟前，晃着手上的2元钱说："老师，给您上车的钱。"

"谢谢你！"我去拿那1元钱。学生说："2元都给您！35路上车必须投2元！"

"那你怎么办？"我焦急地问。

学生说："我还有2元钱！"

我们随着人流上了35路公交车。车上的人比较多，我和他站在了中间车门旁边。我把手里的10元钱送给他，感激他帮助我。

他硬是不要。我说："拿着吧，感谢你！"

学生说："老师，我为您买一张票，应该的！"

我很感动。一个自己没有教过的学生竟然有这样的境界。我感激教师职业，我感激人性的无私，感激人与人之间的相互关爱，更感激学生心灵的高贵……

我把10元钱塞进孩子的口袋。孩子一手拿着水杯一手拽着扶手，随着车子和我一起摇摇晃晃驶向下一个车站。看着我把钱塞进他的口袋，学生脸上露出了尴尬和不愉快。他问我是哪个组的老师。我笑着说："谢谢你，你的学习时间那么紧张，别往心里放，小事……"

站在经过高新路的公交车上重新观赏路边的行人和楼房，高楼林立，灯火通明，宁静祥和，时尚而整洁，充满了新年将要来的气氛。

新年，意味着新的开始，也意味着勃勃生机！孕育着吉祥和美好！

220

第二天一大早，我在桌旁忙着，一个学生拿着几张零钱放到我的桌子上，"老师，那个 A 组的学生给您的！"

我明白了。我的心灵有一点点颤动："他是一个质朴的学生，乐于助人，做人有自己的原则。"他是一个学生，也是矗立在我生活中的一面镜子。

有时候我们因为一件小事而抱怨道德的丧失、质疑国人的诚信。而这样一件小事却也同样让我们看到国人的高尚和做人的一丝不苟，与人为善。

2024 年是一个崭新的开始。相信只要我们一起努力，一定会有更多的惊喜！

86. 朵朵花开

这样的惩罚项目使孩子们融入轻松的活动中，沉浸在快乐的笑声中，一张张笑脸犹如盛开的花朵。偶尔，他们会"捉弄"某个有幽默感的同学，但被"捉弄"的同学没有一点点怨言，大大方方地走上讲台去完成任务。他们是想延续这种久违的快乐感觉吧！

人们常说：好孩子是夸出来的！夸奖孩子，能使孩子树立信心，更加积极，前进的步伐坚定有力！但教育也需要适当的惩罚。这种惩罚不能影响孩子的身心健康，要尽可能激发孩子的羞耻之心，从而动心忍性改正错误，或者激发斗志去奋勇拼搏！

进入初中阶段孩子的眼界更加开阔，知识容量更加宽泛。重点高中和名校的诱惑，家长的殷殷希望，迫使孩子不得不拼命学习。早早脱离了稚气，有的已是"两耳不闻窗外事"。孩子们很在乎老师的评价，更注重考试的成绩。作为道德与法治学科老师，我的任务很艰巨。既要进行情感教育、能力提升，又要帮助学生进行知识感悟与探究，形成正确的价值观。

忙碌紧张的期中考试刚刚结束，心理辅导老师专门组织了主题班会来疏导学生的情绪。因为有些学生就是想不开，自己非常努力，成绩仍然不理想。看着其他同学的得意和喜悦，郁闷、悲痛、焦虑的情绪像刀子一样刺痛他们的心灵！看到学生这种状况，结合教学安排，我专门组织了一节奖励与惩罚课。通过各种不同的奖励和惩罚措施帮助学生树立信心，培养正确的人生观和价值观，传播正能量，弘扬真善美，鞭笞假丑恶。在活动中磨砺意志，抵制诱惑，形成乐观积极的性格，培养学生灵活应变能力和现场驾驭能力。

这样的活动课，使学生摒弃了以往课堂的严肃和凝重。一次次发自内心的笑声汇成一片。每一个奖励都是一份惊喜：有给家长写表扬信，汇报孩子在学校的优点，有奖励和自己敬佩的老师合影留念，有说出自己的小愿望希望老师帮助实现，有奖励学习文具，有奖励吃上时令水果的，等等。因为他们表现优秀，奖励就是对他们的肯定和鼓励，并引导他们健康成长。而惩罚措施充满了趣味性和幽默感。比如，模仿某位老师讲课，朗读一段励志文字，表演"超人"，表演舞蹈，表演指定"鬼脸"，创作一首小诗，演唱班级合唱的歌曲并指出注意事项，等等。

这样的惩罚项目使孩子们融入轻松的活动中，沉浸在快乐的笑声中，一张张笑脸犹如盛开的花朵。偶尔，他们会"捉弄"某个有幽默感的同学，但被"捉弄"的同学没有一点点怨言，大大方方地走上讲台去完成任务。他们是在享受这种久违的快乐吧！

爱玩儿是孩子的天性之一。随着年龄的增长，关注的事情越来越多，眼界也越来越开阔，而学校的功课牵制着他们的生活，已经很久没有这么开心了。

这是另一种授课方式，很成功，因为他们笑颜如花。

87. 小聪明

十二三岁的学生正在形成是非标准，正在形成自己的人生观、价值观，可塑性很强。他们的好习惯需要在学习生活中养成，优秀品质和高尚情操可以从经典著作中感悟并形成，更需要老师及时、全面的指导。

十二三岁的学生，正从迷信爸妈和师长的状态中走出来。随着年龄的增长，视野渐渐开阔，获得的信息变多了，他们慢慢觉得世界不像别人说的那样了，开始自己分析、自己判断、自己决策了。这是让人感到欣喜的事情，同时也是让家长和老师重视的事情。

毕竟，他们的阅历不深，经验不足，对事物的观察具有片面性，所以做出的判断和决策往往不是最好的，甚至是极其愚蠢的。

有的老师和家长忽视了这一点，以点概面，认为孩子长大了，这么简单的问题他们不会错，或者认为他们的错误是态度不端正所导致，甚至认为他们是故意犯错。因此处理问题的方式不同，效果也差异很大。

例如，有一个学生上道德与法治课时却在悄悄地做数学作业。如果您是道德与法治老师，您会怎么处理呢？

有的老师很严格，随手撕掉正在做的数学作业，狠狠批评这个学生，然后惩罚，以达到"杀一儆百"的效果，也希望因惩罚而使他从心底里觉得以后再也不能犯这样的错误了。

我认为这样做并非最好的处理方式。偶尔的惩罚和批评是必须有的，而一味批评、惩罚、压制的做法可能会扼杀学生的积极性和创造性。

我也遇到了这样一件事。当学生发现我注视他的时候露出一脸的尴尬，轻轻用道德与法治书盖住了数学作业。

这个男孩子有着高高胖胖的身材，坐在班里的最后一排，小眼睛细细的，圆圆的脸蛋显得活泼可爱。由于时间紧张，我接着讲课，而他有些心不在焉。他并没有从错误中走出来认真听课，面对我和学生的互动，一脸茫然。

临近下课的时候，我向学生提出问题，有三个学生不会回答，其中就有他。我安排下课，吩咐他们三个随我到办公室来。经过我的辅导，其他两个学生很快明白了，完成了任务，只剩他一个人了，很长时间搞不懂。我看出了他的真诚和无奈。

我让他放下课本，和他进行了谈话。

"你能在道德与法治课堂偷偷做数学作业，我看到了两点：第一，你想完成数学作业，比较积极；第二，你在钻空子，耍'小聪明'，你的决策是错误的。我认为你是一个积极的孩子，但是你的积极没有用对地方。"

"你这么长时间听不懂，是因为你在排斥道德与法治知识，你平时的表现和今天的表现都在证明这一点。你如果能抓住道德与法治课的时间学习，也许能考80分，总分加起来就是160分。如果你不学道德与法治课，考0分，就算数学考100分，总分加起来也只有100分。这就是你放弃一门道德与法治课的代价，值得吗？"

孩子恍然大悟！觉得自己想法太片面。

遇到事情多多思考，听听父母长辈的意见然后再做出决定。不光学习，对于其他事情也是一样的，不要认为自己的决策就是最正确的，更不要耍小聪明。"

孩子的表情一直在变化，他已经意识到该怎么对待这门课、该怎么学习这门课了。

我又说："道德与法治课是一门生活中很重要的课，指导我们如何分析问题，告诉我们如何与父母、老师、同学、朋友交往，帮助我们学习法律知识，了解我国国情和国策，等等，这些都是一个现代公民必须掌握的知识。"

这是我处理这件事情的过程。可能不尽完美，但是，我引导学生认识到了自己的错误，并启发他该怎么对待学校里的每一门课，使他领悟到"遇事多思考"是一种好品质。学生从此可能就养成了一种好习惯：喜欢聆听父母长辈的教诲，善于从经历过的事情中吸取经验教训，等等。

十二三岁的学生正在形成是非标准，正在形成自己的人生观、价值观，可塑性很强。他们的好习惯在学习生活中养成，优秀品质和高尚情操从经典著作中感悟并形成，更需要老师及时、全面的指导。

关注他们的"小聪明"，给予恰当正确的指导很有必要，希望他们成为一个真正有智慧的人。

88. 手机

> 梁启超曾说过："少年强则国强，少年智则国智，少年富则国富，少年独立则国独立，少年自由则国自由，少年进步则国进步，少年胜于欧洲，则国胜于欧洲，少年雄于地球，则国雄于地球。"为今天的少年点赞！

每次上第一节课，我听到下课铃声就立即下课，处理完学生问题，整理好课件U盘，快步回到办公室带上组织社团要用的扩音器、道具等，然后匆匆忙忙下到一楼上课，不敢耽误一分钟，唯恐上课铃声响了还不能出现在教室门口。

每到周四，我中午就控制自己不喝水，免得上厕所耽误时间。但有时候免不了处理学生问题花费几分钟，所以经常是伴着上课铃声出现在教室门口。

一个经常出现的现象：社团活动时，要拍照片却没有手机。

所以，每次组织完学生，在他们活动或讨论的时候，社团里的一个叫小勇的男同学会在我的办公桌抽屉里帮我拿手机。孩子要从一楼上四楼拿手机，而小勇的个头并不高，胖胖的身材，每次把手机捧到我跟前的时候，他总是气喘吁吁的。我关切而又感激地望着孩子说："不着急，赶紧坐下歇一歇吧！"他也总是笑着说："没事，老师！"

为了少麻烦小勇，我有时候就把手机调到静音模式放在衣服口袋里。但是鼓鼓囊囊，非常不好，总怕学生看见了影响不好；特别担心的是，正在上课的时候，万一收到信息或有电话，会分散学生的学习注意力。所以只是偶尔带手机。

又是同一个时间，小勇又走到我跟前，悄悄地说："老师，要不要拿手机去？"

我笑着说："谢谢你，我今天带了手机，你好好歇歇吧！"孩子笑着点点头。我的心里满是感激：真是个好孩子！

社团里这次的活动是辩论赛。正方和反方分别坐在讲台的两侧，屏幕上是我做的课件。讲台上的两个主持人侃侃讲述。先是介绍了双方辩友，然后慷慨陈词：关于中学生要不要带手机成了一个热门话题。带上手机，便于和家长联系，但也可能引发一些学生长时间翻阅手机里的信息而影响自己的学习……看看同学们的精彩辩论吧……

这些小小的辩手们，个个能说会道，引经据典，口吐莲花。座位上的同学的情绪被他们影响着，一会儿发出阵阵掌声，一会儿传来爽朗的笑声。

他们朝气蓬勃，阳光积极。讲述说理娓娓动听，辩论反驳铿锵有力。稚嫩或浑厚的声音有一股强大的穿透力，把自己的思想剖析得极为深刻，把父母的期望诉说得非常真诚，把老师的引导解释得相当到位。

梁启超曾说过："少年强则国强，少年智则国智，少年富则国富，少年独立则国独立，少年自由则国自由，少年进步则国进步，少年胜于欧洲，则国胜于欧洲，少年雄于地球，则国雄于地球。"为今天的少年点赞！

"小小讲台练本领，人生舞台展风采。"我用手机拍下了许多精彩的画面。

两个小时的社团活动很快结束了。我组织放学，组织学生整理活动室、打扫卫生。等学生都离开活动室，我关了电脑和灯，拉上活动室门，上四楼回到了办公室。

桌子上有四个班的课堂练习。"当天事情当天做完"，是我一贯的工作作风。我洗了手，拧开小台灯，拿起红笔，一张一张地批阅。办公室里只剩下我一个人了。

作业终于批阅完了，我收拾桌面，没有看见手机。

在口袋里摸，也没有。急切担忧的情绪渐渐加重。

怎么办呢？所有学生家长的联系方式都在手机里。是我丢了手机？落在了社团活动室里？是不是被哪个学生拿走了？会不会是哪个顽皮的男孩子故意带走了？

怎么办呢？没有手机、没有电话号码，我联系谁呢？

找学校领导处理吧，这么晚了，如果领导们知道了，肯定都和我一起紧张，大家都不能安宁。

涉及的就是我们社团的学生和家长们，会给很多人带来麻烦啊！……

我决定先去活动室看看有没有。

我下到了一楼，推开活动室的门，开了灯，在桌子上找。一个装着书本的黑色袋子横在桌面。我走过去，突然发现底下就是我的手机。

我惊喜得眼泪快流出来了。这些可爱的学生啊，他们的心底是多么的纯洁和善良！我又一次心生感激！

我拿起手机看看，除了一个无关紧要的未接电话，其他什么也没耽误。

我的心里感激社团里的每一个学生，我肯定我每天的真诚付出，我感激我身边的所有人。

89. 浓浓爱意

如果是学生自发地表达自己的情感，也真应该为学生的行动点赞！他们纯朴、善良，懂得感恩！他们知道以适当的方式表达对老师的关爱，帮助老师，回报老师。他们传承了中华民族的传统美德：尊敬老师。

2023 年的冬天，是在"立冬"断崖式降温之后到来的。接着的几天里，天气晴朗，艳阳高照，犹如北欧的天气一般。天空湛蓝湛蓝的，美丽的校园让人感觉格外舒心。

在我们四楼西北方向的办公室里，正上演着浓情满满的老师与学生的故事。

办公室是被老陈老师精心打造过的。唯一的男士老陈老师教书育人近40 年，特意买了一面穿衣镜放在门口，4 位美女老师一进门就可以看到自己美丽的身影、端庄的形象。爱美的老师也经常停下脚步过去美美自己，愉悦自己，然后精神饱满地走进教室。

老陈老师上一届班级学生留下的绿植，经他精心呵护了一个暑假，又全部送到办公室里美化环境。

每天中午，管理好学生享用午餐后，4 位女老师一起围坐在办公室中间的饭桌前，边吃饭边聊天，说说学生，说说工作，分享一下教育中的快乐事，点评一下社会热点，互通有无。

快乐的时光在飞快流逝。

每天中午，可爱的学生们穿梭在这里。一下课，他们主动跑来给老师打饭、送水果，把老师们照顾得非常周到。这些十来岁的学生端着饭盆、拿着饭勺问候老师的神情令人感动。4 位老师对他们赞不绝口。

忙忙碌碌半学期了，临近考试，老师们的步子更快了，早来晚走更加辛苦。饭桌前不免说起了腰酸背疼。

一会儿，进来了几个学生，笑嘻嘻地望着老师吹嘘开了。

"老师，我来给您揉揉肩！我每天在家里给我妈揉肩呢！"

他们说着，挽起袖子，搓搓手，就上来给老师们揉肩捶背。有的说："我爷爷是老中医，我知道怎么揉肩。"有的说："我奶奶也是老中医，奶奶专门给我指点了揉肩方法……"

稚气未脱的声音充满爱意。他们的小手在老师肩膀上揉来捏去，加速了血液循环。接着，拍打一阵子后，肩膀上热热的，酸痛减轻了好多。

又进来几个同学，看着这种场景，脸上洋溢着开心的笑容。他们在一旁指点着，比画着。时而传来一阵阵爽朗的笑声。

没有哪位老师专门去呼唤他们、要求他们来揉肩捶背，但是，他们积极主动来老师办公室给老师们揉肩捶背，这是以自己的行动表达对老师们的关爱。

如果是家长对他们平时的教育和指导的结果，那这些家长真是非常优秀，令人敬佩！我们从心底里感激家长。

如果是学生自发地表达自己的情感，也真应该为学生的行动点赞！他们纯朴、善良，懂得感恩！他们知道以适当的方式表达对老师的关爱，帮助老师、回报老师。他们传承了中华民族的传统美德：尊敬老师。

老师，总是默默奉献，任劳任怨，兢兢业业地工作。我周围的老师们，对学生的指导不仅是知识方面，还有能力的培养、情感的熏陶，以及做人的美德。

老师们遵规守纪，用自己的行为影响着学生。十来岁的学生辨别是非的能力逐步建立，世界观、人生观、价值观正在形成，除了从课堂里获得、从书籍里认识，很多是模仿父母和老师的。

家庭是社会的缩影，孩子是父母的模板，学生的形象映射着老师的付出。

在刚刚入学的两个多月里，学生很快适应了初中的学习生活，并在这里幸福快乐地成长着，犹如一棵小树苗，迎风招展，茁壮成长，真是令人欣慰！

西安高新一中在建校的 20 多年里，秉承着"品德与学识同步卓越"的校训，老师们践行着"以人为本，以学生为中心，面向世界，面向未来，培养高素质的合格人才"的理念，向着"创办教育与国际接轨的现代化、国际化的示范学校"的目标努力着。

一个小小的揉肩捶背，让老师们享受到了教育的成就感、幸福感。

寒冷的冬天里，这浓浓爱意真是让心爽心愉悦！

90. 少年强

> 他们都是好学生，让我感觉到了一股力量，成长的力量；让我看到希望，国家的希望。我似乎看到了参天大树，他们都已成为国家的栋梁，挑起国家建设的重任，描绘着宏伟蓝图……

"少年智则国智，少年强则国强，少年雄于世界则国雄于世界……"我想写一点儿中国少年的事情。

初夏，中国大地进入芒种季节。北方农村到了"龙口夺食"抢收小麦的时期。早晚稍微凉爽，中午炎热。八年级学生快要进入地理生物课的结业考试了。学生的学习任务非常艰巨。班里的小鲁和小王总是形影不离，即使小鲁经常磨磨蹭蹭最后一个离开餐厅，小王也总是平静地站在一边等候。

有一天，我走过去对小鲁说："这个朋友值得交往，他能包容你，愿意等你，你不仅要珍惜，而且在他需要帮助的时候一定要伸手帮助哦。"小鲁既自豪又感慨地拍拍胸口："那当然了！绝对没问题！"

少年的洒脱与豪爽、真诚与纯朴展现得淋漓尽致。

他们两个在班里有些格格不入，节奏稍慢，总是被我瞄见；而小鲁经常自由发言扰乱课堂的纪律；有时候东看西看，不专心学习，眼里流露出挑衅和扬扬自得的目光。我心里明白，这是孩子的一种叛逆。

有一天从饭堂出来，小鲁又嚷嚷让我带他出去，说不想在学校里待。我沉思片刻说："那选一天我请你俩出去吃饭吧。"他非常高兴，最后确定时间为周五中午。他们快步向教室里走去。等我到了教室里，男生女生都一脸羡慕。显然他们已经知道我要带他俩出去吃饭，其中有两个男孩子的目光非常持久地望着我，像是在引起我的注视。

我很忙，怕忘掉和学生的约定，专门在桌子上的记事本里写下这件事。

周五，快到午饭时候，我提前做好准备等着他们。两个引起我注视的男生先后跑进我的办公室，哀求我带上他俩。小张同学也是我近期关注的男生，他比以前冷静多了，状态也越来越好，而且进步很快，经常受到我的赞扬和鼓励。另一个小刘同学也是非常聪明灵活、喜欢为班里做好事的热心男生。他在教室里总是出现在我安装 U 盘课件正需要帮助的时候。让我感激不尽！他俩也要去，我说不行，之前没约，等下次吧。他们不肯，执意要去。

　　但我欣赏他们的执着，欣赏他们为实现目标的坚韧。我怕伤了孩子的心，还是答应了他们。

　　两个男生离开后的 1 分钟时间，4 个男生出现在办公室门口。"老师，冯老师允许我们过来！"冯老师是他们的班主任，北大中文系的研究生，美丽善良。

　　我们出发了。其实就在学校附近，吃饭时间不足 2 个小时。

　　出了校门，小鲁摸着口袋说："老师，我爸给了我 200 元钱，老师您能和我谈心就非常好了，就不用您破费了，我来买单！"我拒绝了。还有几个孩子央求着要买单，都被我拒绝。他们让我感到很温暖！

　　谈话中，我了解了他们的需求，我们决定去吃香菇面。那家的饭菜有更多的选择。

　　我们走进饭馆的时候，还不到饭点儿，里边的客人不是很多。我们往餐馆最里边的一张桌子走去，我吩咐他们 4 个一边坐 2 个，转身要给我自己找凳子。却被他们先一步抢到了凳子给我搬过来。"老师，您请坐！"

　　我们聊开了，想说什么就说什么，无拘无束，很快乐。

　　他们看到我的手机，问我为什么不装手机壳，这样容易摔坏。我说："我马上要换这个手机了，猜猜我要买什么手机？"

　　"华为！"一个响亮的声音，很果断，很干脆！

　　我说："是的！"

　　小张同学接着说："中国制造迟早世界第一！都用我们的华为！"

他们说得很投入，能够思考并表达出自己的想法！

我问小张将来想考什么专业？他说想考电子信息专业。我们肯定了他的专业。

我夸赞小鲁元旦演出的单口相声发挥得非常好！小鲁说，那只是冰山一角，他还会弹吉他，有很多才艺，还经常参加公益演出，将来要考艺术类专业。其他同学对他的选择表示赞成。

小刘长得很壮实，头脑灵活，很有正义感，知识丰富，说自己要报考公安学校，做一名公安卫士。大家建议他注意形体训练，那是要面试的。

小王总是很腼腆，话很少。他没说自己报考什么专业，一直在笑眯眯地聆听。我对他说："就你话少。说啊，想说什么就说！"

…………

我给他们要了香菇面、饺子、凉菜和饮料。吃什么并不重要，我们谈得很快乐。没有了课堂上的疲惫、木讷。他们眼睛亮晶晶的，语速快，积极主动，反应灵活，笑容灿烂！

吃完饭，我送他们返回学校。他们守规矩、讲礼貌，语言文明，用词严谨。没有让我指责的地方。我心里暗暗佩服他们已经树立起来的是非标准。

他们都是好学生，让我感觉到了一股力量，成长的力量；让我看到了希望，国家的希望。我似乎看到了参天大树，他们都已成为国家的栋梁，挑起国家建设的重任，描绘着建设祖国的宏伟蓝图。

"少年智则国智，少年强则国强，少年雄于世界则国雄于世界……"

期待他们早日成才！

91. 请吃饭

他们在课堂上热情专注又活泼喜悦，他们的眼睛里好像有一道闪电，给他们上课，感觉到满满的成就感、自豪感，又有一种做"明星"

的优越感。他们表达的喜悦不是深沉含蓄的，而是一种奔放豪迈的喜悦，高兴时，开怀大笑；安静时，屏住呼吸；回答问题时，一语中的。课堂气氛活而不乱。这种状态下的学生是阳光积极、健康快乐的。

十二三岁的学生，处在从儿童向少年过渡的特殊时期，懵懂幼稚，但思维活跃，朝气蓬勃，充满活力。他们的认知能力、思维方式、人格特点及社会经验都在迅速变化发展。他们像初升的太阳明亮耀眼、气势磅礴，对新生活充满了好奇与美好期待，喜欢在集体里出风头，也喜欢标新立异；偶尔又惴惴不安，担心自己不够好，担心自己在集体中不够优秀，等等。

拉拉扯扯、推推搡搡是男孩子天生就有的习惯。他们有时候以此种方式与同学交流情感，拉近彼此的距离。但是在实施过程中，偶尔会因为表达不够完美而起到相反的效果。如果动作幅度过大，会造成自己或是别人摔倒、受伤、磕碰等。男孩子一般没有女孩子心思细腻，没有女孩子善解人意，多数男孩子不善于察言观色，因此造成的不友好和冲突事件也比较多。

好在男孩子一般不斤斤计较，刚才还一脸怒气、凶神恶煞一般，过一会儿就一团和气、称兄道弟，气氛缓和了。多数男孩子豪爽、大气。

（3）班学生更具备这样的特点。他们班里有一个男生，笑容明朗，令我久久难忘！在校园散步和老师们打招呼时，会声音洪亮地喊一声"老师好！"随之敬一个队礼。他的笑容在课堂里是最灿烂的，五官清秀，双眼皮下的眼睛迸射出亮闪闪的光芒。

这天，在教室门口见了我，大声说："老师，您请我吃饭吧！"说这话时，脸上流露出幸福的笑容，我也随口答应着。

连着好几次，他都要求我请他吃饭。他是体育特长生，擅长跳高和800米中长跑，但是文化课成绩也非常优异，每次考试都是班里前五名。

如今他毕业两年多了，我仍没有一个合适的时机相约请他吃饭。今天想起来，也感觉挺遗憾的，他在我的心目中一直是很完美的。

我也曾经回想过,"请吃饭"源于什么事情。是我的一次承诺,或许是因为什么事情的约定,也许是他的一句与人交流的口头禅?不管怎样,这样的学生给老师留下的是很美好的印象。我一直祝福他们健康快乐、前程似锦!

后 记

每个人都有自己的生活方式，我选择了三尺讲台和静心阅读。没有轰轰烈烈和惊天动地，只是平静、平淡和平凡，但这却是我真实的生活。惆怅、郁闷之后，是幸福的喜悦。

"眼前呈现的总是最美好的。"我热爱我的职业，我感觉到了生命的丰富和充盈。我期待学生们都能茁壮成长，早日为国家和社会做出贡献；我也希望周围每个人都能幸福健康，享受美好人生。

有人说做教师非常繁忙，哪有时间自己支配？但是我还要说那句大家都很熟悉的一段话："时间就像海绵里的水，只要你挤，总是能挤出一点的。"时间是能挤出来的，点点滴滴，越积越多，就能做很多事情。寒暑假里我们就能支配属于自己的时间。

世人读书吸收的养分都不一样。我最早喜欢读老子的《道德经》，后来又喜欢《曾国藩家书》，总希望自己像老子、曾公一样智慧、勤奋和谦虚，但我远远达不到。

人一生都要经历很多事情，因为在历练中才能成长。非常感谢在我生命里的每一个人和每一件事情。当初或关爱，或嘲笑，或提醒，或帮助等，是你们使命驱使，才使我蜕变成蝶，感激你们！

我们一起积极面对生活的每一天。

牛敬芳

2024 年 6 月于西安高新一中